Уважаемый господин Путин

Dear Mr Putin

ЭПИСТОЛЯРНОЕ ИССЛЕДОВАНИЕ
AN EPISTOLARY INQUIRY

Питер Брин
Peter Breen

En Route

Набрано шрифтами Times New Roman, 11,3 пт и Verdana, 13 пт.
Typeset in 11.3pt Times New Roman and 13pt Verdana.

Включено в каталог данных о публикациях
Cataloguing in Publication Data

Брин, Питер
Breen, Peter

> Уважаемый господин Путин: Вы уверены, что нужно вести войну, размахивая крестом, против женщины, обещавшей духовное возрождение России и мир во всем мире...?

> Dear Mr Putin: Are you sure about waging war and brandishing a cross against the woman who promised Russia's conversion and world peace...?

ISBN 978-1-956715-60-6

Данная работа внесена в каталоги Национальной библиотеки Австралии и Библиотеки Конгресса США

A catalogue record for this work is available from the National Library of Australia and in the Library of Congress in the USA

Дизайн обложки: Два изображения собора Покрова Пресвятой Богородицы, один из которых находится в Киеве, Украина, а второй — в Москве, Россия (iStock © фотог)

Cover design: Two images of the Cathedral of the Intercession of the Mother of God, one at Kyiv in Ukraine, and the other at Moscow in Russia (iStock © photographs)

For the people of Ukraine and Russia
Для жителей Украины и России

We then looked up at Our Lady, who said to us so kindly and so sadly: "If my requests are heeded, Russia will be converted, and there will be peace; if not, she will spread her errors throughout the world, causing wars and persecutions of the Church. The good will be martyred; the Holy Father will have much to suffer; and various nations will be annihilated. In the end, my Immaculate Heart will triumph. The Holy Father will consecrate Russia to me, she will be converted, and a period of peace will be granted to the world."

Lucia dos Santos, *Fatima in Lucia's own words*, 1941

"What I started in Fatima, I will complete in Medjugorje. My heart will triumph." When Our Lady said these words, all I knew about Fatima was that it was vaguely similar to Medjugorje — the Blessed Mother had appeared to three children there. But after this message, I became curious about it, and the more I learned, the more I began to see deeper connections between Fatima and Medjugorje.

Mirjana Soldo, *My Heart Will Triumph,* 2016

Затем мы посмотрели на Богоматерь, которая сказала нам так ласково и так грустно:«...Если мои просьбы будут услышаны, Россия обратится и настанет мирное время. Если нет, то она распространит свои ошибки по всему миру, вызывая войны и гонения на Церковь. Добрые будут мучимы, Святейший Отец будет много страдать, некоторые народы будут уничтожены. В конце мое Пренепорочное Сердце восторж-ествует. Святейший Отец посвятит Россию мне, и она обратится, и мирное время будет даровано миру».

Люсия де Сантуш, *Фатима, сказанное лично Люсией*, 1941 г.

«То, что я начала в Фатиме, я завершу в Меджугорье. Мое сердце восторжествует». Когда Богоматерь произнесла эти слова, о Фатиме я знала только то, что этот город отдаленно напоминает Меджугорье — там Пресвятая Богородица тоже явилась трем детям. Но после этого пророчества мне стало любопытно, и чем больше я узнавала, тем более четко я начинала видеть глубокие связи между Фатимой и Меджугорьем.

Мирьяна Солдо, *Мое сердце победит,* 2016 г.

Contents

Содержание

Author's Note

This book is a series of letters to the Russian President, Vladimir Putin, written in frustration at the mystifying and unprovoked attack on the people of Ukraine in 2022. The letters were written in English, translated to Russian and posted at my local post office in Australia. When Australia Post and international couriers stopped making deliveries to Russia, the letters were sent via the Russian Embassy in Canberra. I received no response to my correspondence, and I have no idea whether Mr Putin read a word of what I had to say. There was something cathartic about writing the letters, which also gave me the opportunity to further explore the Marian apparitions said to be happening alongside the war at Medjugorje in Bosnia Herzegovina.

The purpose of the correspondence to Mr Putin was to find out, if possible, how the Russian President can profess to be a practising Christian while killing and maiming the neighbors he is supposed to love—who happen themselves to be predominantly Christians. I was also fascinated by Russia and Ukraine's shared Christian history going back to the conversion of Vladimir the Great (or Volodymyr the Great in Kyiv) in about 988 CE, a history marked by claims and counter-claims ranging from saints and statues to competing cathedrals honoring the intercession of Mary the 'Theotokos' or 'God-Bearer'.

I decided to write *Dear Mr Putin* when my favourite local singing band, *Dustyesky*, was forced into lockdown by the Russian attack on Ukraine. Just last year, the band (an a cappella choir) performed to wide acclaim from the Russian diaspora at the Sydney Opera House — everyone sang along to the *Patrioticheskaya Pesnya* and other great Russian ballads. Like all things Russian in the West, the band is out of action until further notice, a winter's hibernation from the land that brought us Dostoyevsky and Tchaikovsky, Tolstoy and Chekhov.

Letter 1
The Day After the War Began

Russia and Ukraine Peace Group
Mary of the Angelus Community
2 Burringbar Street
Mullumbimby NSW 2482
Australia

February 25, 2022

Mr Vladimir Putin
President of the Russian Federation
Presidential Executive Office
23, Ilyinka Street
103132, Moscow
Russia

Dear Mr Putin

I write on behalf of the Russia and Ukraine Peace Group, an initiative of a public charity in Australia, Mary of the Angelus Community.

Are you sure about waging war and brandishing a cross against the woman who promised Russia's conversion and world peace—the same woman who brought Jesus into the world and stood at the foot of his cross on Calvary? Mary the Mother of Jesus has history, and if you're a betting man, form. Back in the first century of Christianity, around the time that the Apostle Andrew (a brother of the Apostle Peter) preached the good news in Russia, the Apostle James was on the case for Jesus in Spain. Life on the original camino was tough for James, who sat on the banks of the Ebro River, and reflected on his mission. Tradition has it that James decided to abandon the mission—the Spanish people had little interest in the idea that they needed a saviour, especially one who died on a cross in Jerusalem. In the year 40 CE, James found himself in the presence of Jesus' mother, who appeared in apparition to reassure the apostle that one day, in consequence of his mission, Spain would become a cornerstone of Christianity in Europe.

Mary is revered no less in the Eastern Church than in the West. Rasputin was said to have had visions of Mary. Of the three most important cathedrals in the Kremlin, two are dedicated to the Blessed Mother: one is the Annunciation Cathedral and the other is the Assumption Cathedral. Moscow's most iconic cathedral is St Basil's— officially known as the Cathedral of the Intercession of the Mother of God (the same name as Ukraine's main cathedral in Kyiv).

Russian icons of Mary are famous throughout the world. One of my favorites is the Softener of Evil Hearts icon in Moscow's Cathedral of the Resurrection (the Church of the Russian Armed Forces). As you know, Mariupol (the City of Mary) was founded by Greeks deported from Crimea and loyal to an icon of Mary's protection. Russia is devoted to Mary, and until you attacked Ukraine yesterday, it never occurred to me that there was much difference between Eastern and Western Christianity. Both were essentially the same to my mind: love God and love your neighbor to experience peace and joy in this life and the next; practice devotion to Mary and the saints for a front row seat in the Christian story.

Mary is said to have appeared to three young children in apparition at Fatima in Portugal in 1917—between Russia's two revolutionary wars of that year—and in the middle of World War I. As reported by the children, Mary asked for certain devotions including Russia's consecration to her immaculate heart. *If my requests are heeded, Russia will be converted, and there will be peace*.[1] These prophetic words about the conversion of Russia were initially thought to have been fulfilled when Josef Stalin made the practical decision in 1941 to restore the Russian church to its former glory. Stalin wanted to encourage Russian patriotism through popular belief—and to appease his new World War II allies who shared Russia's Christian heritage.

As you know, Russia was compelled to change sides in World War II after first making the disastrous decision in 1939 to join Hitler's attack on Poland. Being a student of history, you might have thought that another unprovoked attack on another neighbor, Ukraine, was another bad idea—if only for the fact that history has a habit of repeating itself. According to some historians, the reason Stalin brought the church back in from the cold in 1941 was to rally the Christian prayer army as the German Wehrmacht pushed to within striking distance of Moscow. The idea is flawed in my opinion. Stalin killed a million Russians without remorse and was more concerned about how many divisions the pope had than mobilizing an army of supplicants.

Almost 50 years later, on Christmas Day in 1991 when the hammer and sickle flag was lowered over the Kremlin for the last time, Russia's conversion from atheistic communism to multi-party representative democracy seemed to fulfill the Marian prophecy of 1917. At least two popes believed that the peaceful transition from the Soviet Union's former communist monolith to multiple separate nations was the conversion of Russia foretold at Fatima.[2] The writing seemed to be on the wall for the Soviet Union when the Berlin Wall came down in 1989 and Mikhail Gorbachev began Russia's freedom march to democracy.

Like the Russian invasion of Poland in 1939, yesterday's offensive against Ukraine—on the risible pretext of removing Nazis from Russia's border—makes no sense. To say that launching an all-out military assault on Ukraine was erroneous is an understatement. I just cannot understand that you would prefer a futile war of death and destruction to living in peace and harmony with your neighbors. Do unto others as you would have them do unto you comes to mind, as does doing unto the natural environment what is necessary to protect life on Earth for our children and grandchildren. For all your wealth and power—if I may observe—you seem to be oddly disconnected from the important things in life, not the least of which is the Christian imperative to love one another.

For the past 40 years, Mary has reportedly appeared again in apparition to six young children at Medjugorje in Bosnia Herzegovina, affirming the Fatima prophecies, and apparently telling the children (who are now adults in their 40s and 50s) that the Fatima and Medjugorje apparitions are connected to the triumph of her heart. Mary is reported to have said: *What I started in Fatima, I will complete in Medjugorje. My heart will triumph.*[3] Taken at face value, this prophecy, if true, suggests that the Mother of Jesus remains committed to Russia's conversion and peace in the world.

You may be surprised to learn that Mary continues to appear every day at Medjugorje according to the visionaries, and she conveys a special message to the world on the 25th day of each month. Today's message may give you pause for thought: *Help me with prayer, little children, that Satan may not prevail. His power of death, hatred and fear has visited the Earth.*[4] Christians by and large are not happy about you brandishing Jesus' cross while you do everything in your worldly power to exterminate the people of Ukraine—laying waste to their cities like some medieval crusading warlord persecuting neighbors for heresy and devil worship. Expect Christian prayer armies to marshal in support of the Ukrainian people since word is about that the Russian people have been deceived by the devil.

Meanwhile in the secular world, blaming Satan for evil does not get you off the culpability hook for bad behavior—especially really bad behavior like killing and maiming your neighbors and making them homeless. If you do in Ukraine what you did in Chechnya and Syria, you will manage to do what no other dictator has done since the Soviet invasion of Afghanistan in 1979—unite the world to protect the rule of law and freedom. Russia's ten-year Afghanistan campaign ultimately contributed to the demise of the Soviet Union in 1991. Moreover, it was motivated by the same paranoia and insecurity concerning Russia's diminishing influence in the world that seems to bother you.

I see you're testing a new Sarmat skyrocket (eponymously dubbed Satan 2) which is big enough to deploy multiple warheads directed at separate targets, a cluster bomb of nukes capable of obliterating the whole of Ukraine in one bang. Now an attack on that scale would likely mark you down in human history as a kind of latter day overheated Icarus attempting to usher in a Chernobyl-for-everyone model of human existence. For the victims of such an attack, it would not matter one jot whether they died from nuclear incineration or a single shot from a pistol. But for the survivors—bearing in mind that there's no reason for radioactive fallout or retribution from other nuclear-powered nations to stop at the border with Russia—life on Earth would be hell.

And while it might have been alright for Stalin and Hitler to show total disregard for human life, you're a functioning Christian who proudly wears a baptismal cross on a silver chain around your neck. Apparently you even had the cross blessed at Jesus' tomb in Jerusalem at a time when Russians enjoyed rights and freedoms including the freedom to travel. So, the bottom line seems to be that you can forget about firing that Satan 2 skyrocket without incurring the wrath of God, the opprobrium of the global community and finishing ahead of both Stalin and Hitler in the most diabolical leader stakes.

Unlike Stalin and Hitler—both baptized Christians who had become avowed atheists by the time of their murderous rampages of the 20th century—you continue to express overt Christian belief: in your blessed cross, in your public spiritual practices, in regular church attendance on special feast days, in your friendship with Patriarch Kirill and in the apparent respect you show towards other Christian churches. But I wonder if that cross is about to burn a hole in your chest—like the hole in your pocket made by the riches you amassed at the expense of the Russian people. I read somewhere that terror, torture and murder have been hallmarks of Russian military activity since you came to power and that the world can expect more of the same in Ukraine. For the record, it bothers me no end that a man who proudly wears a cross around his neck also heads the Russian war machine, a sacrilege which seems to suggest that your cross is nothing more than bricolage.

May I leave you with the thought that what we condemn most in another human being is *the conscious intention to do harm*,[5] and when that harm is dressed up as religious observance, rational people in the civilized world are enraged. Holy war is deeply offensive, whether it manifests as suicidal murder for God's sake, or committing genocide for the purity of the faith. I hope to explore in another letter what your religious motives might be for attacking Ukraine.

Sincerely
Russia and Ukraine Peace Group

Letter 2
Pope Francis' Consecration of Russia and Ukraine

Russia and Ukraine Peace Group
Mary of the Angelus Community
2 Burringbar Street
Mullumbimby NSW 2482
Australia

March 25, 2022

Mr Vladimir Putin
President of the Russian Federation
Presidential Executive Office
23, Ilyinka Street
103132, Moscow
Russia

Dear Mr Putin

I mentioned in my last letter that Mary the Mother of Jesus has reportedly been appearing in apparition to six witnesses at Medjugorje in Bosnia Herzegovina for the past 40 years with regular messages for the world. According to the witnesses—and consistent with previous messages—Mary repeated today that Satan has been fighting for war. A recent survey found 56 per cent of Americans believe Satan is real and not merely a symbol of evil. Those surveyed said Satan influences human lives. The survey authors concluded that Americans are more confident that Satan is real than they are about the existence of God.[6]

If Satan exists—and for years has been fighting for war—then it raises the question whether you have fallen under demonic influence. The question is beyond my pay grade, I must say, even if it does explain your abhorrent behavior in attacking Ukraine. Like the Irish writer CS Lewis, I am inclined to sidestep demonic questions which diminish personal responsibility for evil. Lewis said he believed in the existence of angels and devils, but only in the sense that it was one of his opinions. *My religion would not be in ruins if this opinion were shown to be false.*[7]

16

In other messages to the visionaries at Medjugorje, Mary has reportedly said that Satan wants to destroy humanity, which to my mind rather elevates notions of the devil and evil beyond mere opinion. A surprisingly sensible opinion on the question of Satan's existence can be found in the Catechism of the Catholic Church which concludes that it's a great mystery of faith that providence should continue to permit diabolical activity.[8] Pope Francis argues that *only God can look into the face of evil and overcome it*,[9] tending to confirm that Satan is not something mere mortals like us can easily get our heads around.

A more practical question is whether today's consecration of Russia and Ukraine to Mary by Pope Francis fulfills Mary's reported requests during the Fatima prophecies of 1917, putting you in the firing line for conversion and world peace. It's hard to see you giving up Crimea or the land in Eastern Ukraine you seem to think belongs to Russia, but my advice is to sue for peace if you believe for a moment that Mary is real and has influence with the God of all creation. You will be aware that the Softener of Evil Hearts icon in the Church of the Russian Armed Forces began to weep on Forgiveness Sunday this month—less than two weeks after you invaded Ukraine—so something is going on with Mary.[10] If the Orthodoxwiki website is to be believed, the icon is an adaptation of the Roman Catholic imagery in the Our Lady of Sorrows devotion. Speak with Moscow's Patriarch Kirill, who translated Rahner and von Balthasar, and knows about these things.

For the record, the Eastern and Roman Churches were once, together, the one holy and apostolic church dating back to the first century of Christianity—both tracing their origins to the Apostles Andrew and Peter. Even today, Andrew is the patron saint of Russia and Ukraine, while Peter is the patron saint of Rome. In the Great Schism of 1054, the Eastern and Western Churches excommunicated each other over theological and cultural differences. It was not until 1964 when Patriarch Athenagoras and Pope Paul VI met in Jerusalem that the mutual excommunications were lifted. One of the things the churches east and west always agreed on was the role of Mary in salvation and her power of intercession before God. The point I wanted to make is that many Orthodox Christians are devoted to Mary and will be familiar with the claimed Marian prophecy at Fatima in 1917 of Russia's conversion and world peace.

Getting back to the present, it was just a week ago that I received a media release calling on the world's bishops, the faithful and all people of good will to join in consecrating Russia and Ukraine to the Immaculate Heart of Mary. And so today, on the feast of Mary's Annunciation—the same day that Pope John Paul II made a similar consecration of Russia on March 25, 1984—prayer is again the pope's response to the world facing the prospect of another all-consuming war in Europe. *Acting as the Universal Pastor of the Church, Pope Francis will renew the consecration urged at Fatima more than 100 years ago [as we] raise our hearts, our minds and our voices to God for an end to this horrific violence and destruction.*[11]

Pope Francis reckons you have started World War III, saying that humanity is in big trouble, although he's unwilling to go to the trenches and lay the blame for the war entirely at your feet. He met with Patriarch Kirill online on March 16, for 40 minutes, and Kirill read a declaration of support for the war to the Pope. Francis was taken aback by a spiel justifying a war of aggression, and told Kirill what he thought in no uncertain terms. *Brother, we are not clerics of the state, we are pastors of the people.*[12] A week earlier, Kirill surprised nobody when he endorsed the attack on Ukraine, blaming the West for undermining the family and promoting gay-pride parades.[13] Putin's war, Kirill said, is a struggle having a metaphysical significance. How Christians of any denomination can justify the indiscriminate bombing of women and children is the metaphysical struggle for most of us.

Nobody knows what happened to 'love thy neighbor' in Russian Christianity. Patriarch Kirill calls you 'a miracle of God' which reminds me of the Australian Prime Minister, Scott Morrison, who attributes his election in 2019 to one of God's miracles. Personally, I think we should be cautious about blaming God for the politicians we elect. I recall you getting the top political job in Russia on a recommendation from Boris Yeltsin, and then one of your first civic duties as president was to shut down a corruption investigation into Yeltsin's affairs. That would not be the work of God in my book. Patriarch Kirill seems to be enamored of your religiosity, praying with you on television, and watching you cross yourself in public, kissing icons and lighting candles.[14]

Even if you and Patriarch Kirill do believe you have a brief from God to save the world from decadence and decay, and you share a genuine fear of annihilation at the hands of NATO, Russia's church and state alliance is on the wrong side of human history in my opinion. Most people today believe in peace, freedom and fundamental human rights, even if those values are not always reflected in our governments. Speaking generally, we claim popular support for our beliefs—whether we arrived at those beliefs through religion or the secular world, or both. Many of us are willing to fight to the death for our beliefs, shoulder to shoulder with the people of Ukraine. *And while we may not be used to questions of what it means to 'believe' ceasing to be academic and becoming matters of life and death, those days may be upon us.*[15]

It would be a mistake to think that just because people in the West tolerate those who want to be different, who want to express themselves as individuals—and even to act in eccentric and idiosyncratic ways—that the West has no moral backbone, no capacity to stand up and be counted when there are threats against our common humanity. People in my neck of the woods respect minorities, including those who express minority opinions, if only for the fact that we are all minorities in one way or another. In my case, I am frequently pilloried for my religious beliefs and convictions, even though I would give them up in a heartbeat in the face of convincing evidence that I have the wrong information. But my openness to the possibility I may be in error does not make me vulnerable to the false narrative peddled by Archbishop Kirill and you that Russia is a bulwark of traditional Christianity *mounting a decisive effort to combat decadent liberal Western values.*[16]

You might consider asking Patriarch Kirill to invite Pope Francis to Moscow to discuss the situation with the war—or military intervention if you prefer. The Holy Father is a simple and pious man with no illusions about the transitory attractions of this world. He will have little interest in how many empty palaces and hollow houses you can occupy at any one time, or Kirill's unseemly collection of worldly goods and chattels. Of greater concern to the pope will be the spiritual and social needs of the people of Russia and Ukraine as their lives slowly disintegrate in the cold shadow of your hero, Stalin, who killed a million of his own people for no good reason beyond the murderer's reward of witnessing human suffering and death in the flesh. Long after you meet your predictable end, the pope and his successors will still be calling on God to save us, so with salvation in mind, I urge you to consider the words of the pope's consecration today of Russia and Ukraine to the heart of Mary.

> *At this hour, a weary and distraught humanity stands with you beneath the cross, needing to entrust ourselves to you, and through you, to be consecrated to Christ. The people of Ukraine and Russia, who venerate you with great love, now turn to you, even as your heart beats with compassion for them and for all those peoples decimated by war, hunger, injustice and poverty.*

> *Therefore, Mother of God and our Mother, to your Immaculate Heart we solemnly entrust and consecrate ourselves, the Church and all humanity, especially Russia and Ukraine. Accept this act that we carry out with confidence and love. Grant that war may end and peace spread throughout the world...We trust that through your heart, peace will dawn once more. To you we consecrate the future of the whole human family, the needs and expectations of every people, the anxieties and hopes of the world.*

> *Through your intercession, may God's mercy be poured out on the earth and the gentle rhythm of peace return to mark our days. Our Lady of the Annunciation, on whom the Holy Spirit descended, restore among us the harmony that comes from God. May you, our living fountain of hope, water the dryness of our hearts. In your womb Jesus took flesh; help us to foster the growth of community. You once trod the streets of our world; lead us now on the paths of peace. Amen.*[17]

Just in case you're wondering what it is God might save us from, the answer in a word is 'ourselves'. The death and destruction being inflicted on planet Earth by the human species is by no means limited to the region of Ukraine. Think of the loss of biodiversity in the sea and on land as we experience the sixth mass extinction event in history—the last one occurred some 66 million years ago—due to over-the-top exploitation of the Earth's ecosystems. Incredibly, up to 140,000 species of plants and animals are disappearing each year, and still, we indulge in voracious overconsumption.

For all the damage you're causing to the natural environment in Ukraine, apparently your contribution is well short of the harm done by plastics waste in the world's oceans and logging of the world's rainforests. I'll let you know when I have the statistics, but in the meantime, there is no room for complacency. Should an opportunity arise for you to consider your role in saving us from ourselves by engaging in sensible discussions about ending the military operation against Ukraine, then go for it. And please include the pope's act of consecration to Mary in your prayers and spiritual deliberations.

Sincerely
Russia and Ukraine Peace Group

Letter 3
A Military Operation Bordering on the Insane

Russia and Ukraine Peace Group
Mary of the Angelus Community
2 Burringbar Street
Mullumbimby NSW 2482
Australia

April 25, 2022

Mr Vladimir Putin
President of the Russian Federation
Presidential Executive Office
23, Ilyinka Street
103132, Moscow
Russia

Dear Mr Putin

Forgive me for saying so, but after two months of fighting, you have done nothing to restore your credibility in Mullumgrad. We are still in shock after watching you upbraid and publicly humiliate your security council colleagues on national television as you went through the pantomime of seeking their support for the war—just three days before attacking the people of Ukraine. The way you treated your Foreign Intelligence Service head, Sergey Naryshkin, appeared to be particularly revealing of the domineering and despotic way you rule Russia. I have never seen such a real-life public display of bullying and intimidation at the highest level of any civilized government, suggesting to me that you're on a frolic of your own in Ukraine, with those around you living in fear of incurring your wrath.

Just three weeks after the war began, you were foaming and frothing again on national television—because the campaign to take Kyiv was not going well. I don't know what you were expecting, but the people of Ukraine were never going to give up their capital city without a fight to the death. Either your troops were too unevenly dispersed to overrun the Ukrainian defences, or perhaps you thought twice about razing the city that historically represents Russia's cultural and religious origins. Whatever the explanation, thank God you decided to withdraw. You were certainly agitated as you delivered your televised remarks to the Russian people—some observers in the West likened you to Josef Stalin, who was fond of misinformation, dehumanizing language and repression against the Russian people when his expectations were frustrated. Here is a sample of what you had to say in case you have forgotten.

In many Western countries today, Russian people are subjected to real bullying. They are denied medical care, their children are expelled from school and their parents are denied jobs. Russian music and literature is banned as the West tries to cancel Russian culture. The West tore off its mask of decency, and began to act boorishly, demonstrating its true nature. It just suggests direct analogies with the antisemitic pogroms that the Nazis were responsible for in Germany in the 1930s. We understand what a resource this empire of lies has, but it is still powerless against truth and justice. Russia will consistently communicate its position to the whole world. Of course, the West will try to rely on its so-called fifth column, on Russian national traitors, on those who earn money here with us, and live there. The collective West is trying to split our society—speculating on military losses and on the socio-economic consequences of sanctions to provoke a civil confrontation in Russia. It uses its fifth column as it strives to achieve its goal. And its goal is the destruction of Russia, as I have said many times. But any people—and even more so the Russian people—will always be able to distinguish true patriots from scum and traitors, and will simply spit them out like a gnat that accidentally flew into their mouths. I am convinced that such a natural and necessary self-purification of society will strengthen our country, our solidarity, cohesion and readiness to respond to any challenges.[18]

The Economist magazine rightly calls this language *disconcertingly familiar fascist rhetoric.*[19] It's also egregiously wrong. Here in the city of Mullumgrad, we are blessed to have both Russian and Ukrainian refugees from your war, and they and their families are treated as our brothers and sisters—with great compassion for the suffering and privation you have inflicted upon them. As for banning Russian music and literature, don't be ridiculous! The consolation of the great Russian musical and literary artists is more important than ever as the whole of humanity cries out in the pain and sorrow of war in Europe. And while it's true that the rollicking harmonies of *Dustyesky* have fallen silent, it seems to me that Russian ballads and songs expressing joy and laughter are seriously inappropriate when thousands of Russian and Ukrainian families are burying their dead for no good reason other than the truly mad idea that the clock should be turned back to a time when Russia had better access to the Black Sea and the Sea of Azov; and the Russian Orthodox Church had authority over the Ukraine Orthodox Church.

The other thing I seriously object to in your rant is the slur against the Jewish people when you compared treatment of the Russian diaspora in the West to the 'antisemitic pogroms' of World War II Nazis. As you know, Ukrainian Jews suffered appalling war crimes in the Babi Yar ravine in Kyiv and in the massacre at Odesa, crimes that still rank among the worst in human history. What you do not know, apparently, is that nobody in the West blames the Russian people for starting a war against the people of Ukraine—any more than we blame the people of imperialist Japan or fascist Germany for the atrocities of World War II. When a country gets a really bad leader everyone suffers. And before I forget, talk about the 'collective West' having a fifth column in Russia, and your despotic regime standing for 'truth and justice', is just cant and political disinformation worthy of a red brick university campus.

Something else I wanted to say while I am on a roll is that the answer to Stalin's question (How many divisions does the pope have?) is that the pope has a billion strong prayer army and a similar number of internet users on the case for disabusing the people of Russia about their dear leader. I know it's bad form to quote yourself, but in my book, *Prodigal Pilgrim,* I gave an example of a social media exchange with a person in Russia who insisted that the war with Ukraine is not a war. Svetlana Khatueva is a good woman who believes your false narrative that NATO is an aggressive military alliance when in fact it is a defensive pact that nations are free to join or leave at their pleasure.

Svetlana Khatueva: *Russia is Orthodox. Churches are full. We're all praying for peace and we're in pain. It's not a war between Russia and Ukraine. It's the operation aimed against NATO's military bases on the Ukrainian territory that got too close to Russia's borders. Putin asked for negotiations in 2021 time and again but western politicians laughed him off. Ukraine's only problem is that NATO chose its territory as the closest to Russia. And now the war is on its territory. In 2014 the west started supporting and funding Ukraine's neo-nationalist forces who have been bombing Donbass since then because Donbass is historically loyal to Russia—people there speak Russian. The world didn't care. People in Donbass have been dying for eight years. Russia's plan is to demilitarize Ukraine and destroy NATO's objects imposing a nuclear threat to Russia. And save the people of Donbass.*

Prodigal Pilgrim Group: *You are seriously in error Sveta. There are no NATO military bases, in Donbass or any other part of Ukraine. Ukraine does not qualify for NATO membership. You are propagating the Putin lie that he's waging a military operation when in fact he's invading a sovereign state and starting a war in breach of international law. If you call the so-called military operation a war or invasion in Russia you go to jail for up to 15 years according to a law passed in the Russian Duma last Friday. Writers and journalists are leaving Russia in droves to avoid the wrath of the Putin iron fist. No surprise to me to hear that churches are full. Where else can you go to seek refuge from a war criminal who appears to be to be either bad or mad—and possibly both? It's hard to believe in a civilized world that once again we're looking down the barrel of war in Europe. God help all of us Sveta.*

Svetlana Khatueva: *Churches in Russia have been full for years. This is not my first day in church! And how do you know that what you are saying is true and I'm wrong? It's just something you chose to believe. Well, I have sources from within Ukraine to believe differently. The 'sovereign state' has been an American colony since 2014. New nazis are there. I'm not going to argue* *with you. Let's not. Clearly we're reading different propaganda stories. Your reading yours and choose to believe it. Instead of taking sides I'd rather we stand and look from above. And may God's will be done.*

Prodigal Pilgrim Group: *I know that what I'm saying is true, Sveta, because I live in a free and democratic country where information is not suppressed by the state, and we are not jailed for saying what we think, and we get to vote in free and fair elections for leaders who work for the good of the people, not to enrich themselves and treat their fellow citizens as unwanted dogs. Putin has been in power since Boris Yeltsin tapped him on the shoulder 22 years ago. He has made himself and his oligarchs some of the richest people in the world at the expense of the Russian people. Power corrupts and absolute power corrupts absolutely (with apologies to Lord Acton). The idea that Ukraine is an American colony inhabited by new nazis is simply laughable. Look from above and choose to believe that we're reading different propaganda stories if you must, but history will record Putin as Vlad the Bad or Mad, as evil and deluded as every dictator that preceded him.*[20]

With the benefit of hindsight, the language in this letter and the social media exchange above is a bit strident, and I regret any false and misleading medical observations on my part as I lack the qualifications that entitle me to make an insane diagnosis. As in war, things can get out of hand on social media, and so I apologize for my language and any hurt to your feelings it may have caused. If you're mad, you may well be no madder than the rest of us, so welcome to the human race. This is not a groveling apology, however, and I still reckon you're bad. For that observation, I am grateful to Australian lawyer and writer Geoffrey Robertson for his book, *Bad People & How to be Rid of Them*, and for his work to advance global human rights laws. Plus, I subscribe to the duck principle—if something looks like a duck, walks like a duck and quacks like a duck, it's probably a duck. And so it is with anything that looks and acts like bad.

For really bad-duck stuff, look no further than the case of Sergei Magnitsky, a Russian citizen and tax agent who had the temerity to report a fraud on the Russian people involving crooked senior policemen and tax inspectors at Russia's Ministry of the Interior. These bureaucrats had managed to scam US$230 million of public money from illegal tax rebates. For his trouble, and refusing to withdraw his complaints, Magnitsky was falsely accused of the same crimes he had reported. After a year in prison awaiting trial, in cells without clean water and awash with sewerage, he was denied medical attention for pancreatitis.

He was then taken in handcuffs to another prison where, screaming with pain, he was beaten with rubber batons by eight prison officers and left in an isolation cell to which, for over an hour, waiting doctors were not allowed entrance. They found him on the floor, dead. 'He died of heart failure, with no signs of violence', said Irina Dudukina, the press officer of the Ministry of Interior.[21]

As you know, this is no false narrative promulgated by neo-Nazis or fifth columnists, or scum and traitors to be spat out like gnats. Details of the torture and murder of Sergei Magnitsky are to be found in a report from the Public Oversight Commission for Human Rights Observance in Moscow Detention Centers—an independent Russian NGO. The commission concluded that Magnitsky was subjected to physical and psychological torture, was systematically denied medical care and his right to life was violated by the state. Today, Magnitsky laws in nearly 40 countries target corrupt and criminally culpable individuals—as distinct from states and governments—with sanctions preventing those individuals from traveling to foreign countries and from accessing foreign banking systems to conceal their ill-gotten gains.

Australia used its Magnitsky law for the first time just four weeks ago to impose sanctions on 39 Russian individuals for corrupt involvement in the death and abuse of Sergei Magnitsky. Your response to the Magnitsky law legislation was to 'shoot' the messenger, Geoffrey Robertson, by placing him on a Russian list of individuals to

be sanctioned by the Kremlin for at least the duration of the Ukraine
military intervention. All really bad-duck stuff in my correspondence.

Sincerely
Russia and Ukraine Peace Group

Letter 4
Mariupol – the City of Mary Reduced to Rubble

Russia and Ukraine Peace Group
Mary of the Angelus Community
2 Burringbar Street
Mullumbimby NSW 2482
Australia

May 25, 2022

Mr Vladimir Putin
President of the Russian Federation
Presidential Executive Office
23, Ilyinka Street
103132, Moscow
Russia

Dear Mr Putin

I see that Satan—not the missile—received yet another mention in dispatches today at Medjugorje, as did joy, which is easy to lose when everything around you is falling apart, or in the case of the Ukrainian people, being blown up. Have you had any thoughts over the past month as to how you might appeal to the better angels of your nature by taking a sensible approach to the peace option? What about a public apology and an agreement to withdraw from the territory of the Ukrainian people? Just this week, a brave Russian diplomat at the United Nations, Boris Bondarev, spoke out against lies and unprofessionalism in your foreign ministry. You could take a leaf out of the UN diplomatic handbook and recognise that you're not only committing crimes against the people of Ukraine, but also the people of Russia. Boris Bondarev's resignation letter is world news and tells all:

> *The aggressive war unleashed by Putin against Ukraine, and in fact against the entire Western world [is perhaps] the most serious crime against the people of Russia, with a bold letter Z crossing out all hopes and prospects for a prosperous free society in our*

29

country. Those who conceived this war want to remain in power forever, live in pompous tasteless palaces, sail on yachts comparable in tonnage and cost to the entire Russian navy [while] enjoying unlimited power and complete impunity. To achieve their goals, they are willing to sacrifice as many lives as it takes— thousands of Russians and Ukrainians have already died, just for this.[22]

You might consider giving Boris Bondarev your highest civilian award—the Order of the Holy Apostle Andrew the First. The last time you handed out that gong was in the happy days of 2019 when India's prime minister, Narendra Modi, was recognized for his contribution to the development of a strategic partnership between Russia and India. These days, Modi looks more comfortable in his Quadrilateral Security Dialogue with Japan, Australia and the USA than he does in a Russian alignment. The chickens in your foreign ministry are coming home to roost, tending to confirm Russia's unbecoming status as the new hermit kingdom of Europe. No surprise that Sweden and Norway have applied to join NATO and the people of Denmark have voted to join the European Union's defence pact, suggesting that your major political achievement since attacking Ukraine has been to frighten the European horses. Even your solitary European ally, Belarus, is getting nervous, with a hundred Belarusians per day signing up to fight for Ukraine, and the people in open revolt against the dictator Alexander Lukashenko, a leader after your own heart who rigs elections, jails opponents and openly abuses human rights laws whenever the opportunity arises.

Things might have turned out so much better in 1991 when the Russian Federation began its long and difficult journey along the road from totalitarian state to democratic republic. Mikhail Gorbachev brought freedom of speech, freedom of assembly and freedom of conscience to the Russian people who had never known such freedoms *except perhaps for a few chaotic months in 1917.*[23] But democracy would take much longer to build than the president believed.

[Gorbachev] imagined building a 'common European home' for free European peoples, and a new world order based, as far as possible, on the renunciation of force. In retrospect, that looks

impossible to Western 'realists' as well as to his Russian detractors. But the world might be better off had it followed his lead. Putin has blamed the West for expanding NATO right up to Russia's borders —and used that to justify aggression in Georgia and Ukraine. What if, instead of rejecting Gorbachev's vision as a dream, the West had joined him in creating a new pan-European security structure? ... The Soviet Union fell apart when Gorbachev weakened the state in an attempt to strengthen the individual. Putin strengthened the Russian state by curtailing individual freedoms. The burgeoning Russian middle class, estimated at 20 percent of the population, has Gorbachev to thank for opening the door to a better life—even if its members have been slow to recognise him as their benefactor.[24]

Something along the lines of the Marshall Plan might have assisted Russia get back on its feet following the collapse of the Soviet Union. According to former US Secretary of State George Marshall, lessons learned from the First World War meant recovery of European countries after the Second World War depended upon economic stability of the people. Russia and countries of the Soviet Union rejected this aid, asserting that the Marshall Plan was simply one more attempt by the US to interfere in European affairs. Gorbachev was ultimately disappointed due to what he saw as the failure of Western countries to support his initiatives. He talked with President George Bush Senior and Pope John Paul II about creating a new world order that would be more just, humane and secure than its predecessor, but it never happened. The Americans were intent upon creating a new empire headed by themselves says Gorbachev's biographer, William Taubman,[25] while the Vatican was concerned about the new legitimacy of the Russian Orthodox Church. Pope John Paul II refused to go to Russia in the absence of an invitation from orthodox church leaders.[26]

Like you, Gorbachev was baptized, and seemed to remain partial to Christianity at a time in the Soviet Union when religious practice was contrary to the civil law. Raisa Gorbacheva, Gorbachev's talented and charming wife, lost her grandparents during the murderous rampage of Stalin's Great Purge for the crime of displaying religious icons in the family home. The religious freedom law of 1990 was arguably

Gorbachev's greatest contribution to perestroika before his political demise the following year. Gorbachev praised you for rescuing Russia when the country was disintegrating under Boris Yeltsin in the 1990s, although he was less complimentary in 2014 when he said your administration aimed to completely subordinate society to the Kremlin, embodying the worst bureaucratic features of the Communist Party.[27]

It's hard to imagine Gorbachev wanting to bomb anyone in Ukraine. Always the peacemaker, he respected Ukrainian sovereignty while recognizing Russia's shared culture and origins with its neighbor. William Taubman noted that ethnic Russians living in southern and eastern regions of Ukraine voted for independence in 1991.

The results of the Ukrainian referendum were stunning: an election turnout of 84 percent; more than 90 percent vote for independence; more than 83 percent in the eastern province of Lugansk; nearly 77 per cent in Donetsk; even 54 percent in Crimea, where ethnic Russians accounted for 60 percent of the population; 57 per cent in Sevastopol, headquarters of the Soviet Black Sea fleet.[28]

It seems to me the 1991 referendum confirmed that the Russian people—once they have the experience of independence and freedom—will not want to return to the iron fist of totalitarian government. All things being equal, most people recognise and respect the human rights of others. Ukrainians seek to be the masters of their own destiny and no amount of bullying and persecution will convince them that living as vassals of another country's dictator is a good idea. History suggests that liberty is the preferred option to the imprisonment of opposition leaders and state sanctioned lies, intimidation and harassment of the people.

And now to Mariupol, the City of Mary, which you just turned into the city of rubble. Pope Francis asks how you can plant the Russian flag on a pile of rubble and call it a victory? Ukrainian Catholic Archbishop, Sviatoslav Shevchuk, says that while the mass murder of Russians and Ukrainians has turned the City of Mary into a cemetery, out of death comes resurrection. I said in an earlier letter that Mary has form, and by that I mean the tradition of Mary's intercession in both the eastern and western churches goes back to the early days of Christianity. From biblical times, the story of Mary interceding on behalf of the people at the wedding feast of Cana comes to mind, as does the consecration of Jesus in the temple when he was an infant. Plus Jesus' words on the cross when he placed Mary and the Apostle John in each other's care. If Mary is about today—as she appears to be at Medjugorje—you might think that razing the city named in her honor was another bad idea.

Sincerely
Russia and Ukraine Peace Group

Letter 5
Another Anniversary of the Medjugorje Apparitions

Russia and Ukraine Peace Group
Mary of the Angelus Community
2 Burringbar Street
Mullumbimby NSW 2482
Australia

June 25, 2022

Mr Vladimir Putin
President of the Russian Federation
Presidential Executive Office
23, Ilyinka Street
103132, Moscow
Russia

Dear Mr Putin

A mainstream religious person must know that the God of Abraham and the prophets is generally opposed to war. In recent times, believers in this God have been mostly tolerant of contrary beliefs and none, refraining from going to war with infidels other than in defence of life, liberty and property. So I wonder whether you ever question what the Abrahamic God thinks about you inflicting death and destruction on the people of Ukraine—not to mention the Russian armed forces and their families? Either you unthinkingly believe with Patriarch Kirill that you're on a mission to save Ukrainians from the decadent West, or you haven't given sufficient thought to what it actually means to believe in God. It seems to me that killing people to save them makes no sense, so I would question whether you really believe at all in God.

Indulge me for a moment while I explore this question of the existence of God. Nobody in human history to my knowledge has been able to prove that God exists. Even Thomas Aquinas in his *Summa Theologica* could only make five arguments from the forces of nature that the existence of God is reasonable. He could not prove as a fact that God exists. Fast forward to today, and something in the modern world may have changed when it comes to proof that God exists. If the Marian apparitions at Medjugorje are true, they have clocked up 40 years—beginning on this day in 1981. As fate would have it, you decided to attack Ukraine in the 40th year of the phenomenon.

You may not have been aware at the time of the attack of the importance of the number 40 in Judeo-Christian history—so often synonymous with a period of testing and affliction. The Israelites wandered in the desert for 40 years after leaving Egypt before reaching the Promised Land. Moses spent 40 days on Mt Sinai before receiving the Ten Commandments. In the Book of Judges, the people of Israel were captured by the Philistines for 40 years. Noah's flood ended after 40 days. Jesus' temptation in the desert lasted for 40 days. He ascended to heaven 40 days after the resurrection. Easter begins with Ash Wednesday, followed by 40 days of fasting. Mary appeared in apparition for the first time in the year 40 CE at Saragossa in Spain. If Mary is the prophet of our times in the Abrahamic tradition, and you're in the biblical number 40 frame, so to speak, you will want to know about any new proof of God's existence.

In the first few days of her alleged appearances at Medjugorje, Mary promised peace in the world, and she promised physical proof at the end of the apparitions that God exists. Later on, she said that what she started in Fatima she would complete in Medjugorje. This can only be a reference to the conversion of Russia and world peace since nothing else from the Fatima prophecies remains outstanding so far as I can see (except the so-called third secret which I may talk about another day). There's been plenty of speculation as to what the physical proof of the existence of God might look like. An Orthodox Christian website providing information about Medjugorje describes the proof as a *permanent, visible and indestructible sign* on the hill where the apparitions occur.[29] The sign will self-evidently not be of this world.

What do you think about the idea that Mary is a prophet of our times? Do you give any credibility to the Medjugorje phenomenon, or is it just bunkum in the Kremlin? Pope Benedict XVI appointed a commission headed by Camillo Cardinal Ruini to study the veracity of the phenomenon and Ruini's report recommended in 2017 that the Church approve the first seven days of the apparitions. It was a strange recommendation given that the witnesses to the apparitions have said nothing in 40 years of private revelation that is inconsistent with their experiences of the first seven days. The message of peace has remained the same along with the promise of proof that God exists.

Pope Francis officially recognized pilgrimages to Medjugorje in 2019, but to date he has said precious little about the Ruini report. He made a glancing reference to it in a press conference, saying he prefers Mary sending messages about Medjugorje than the head of the Vatican telegraphic office doing so.[30] Francis' predecessor, Pope Benedict XVI, established the commission of inquiry consistent with his belief that neither humanity nor the world can be saved unless God reappears in a convincing fashion. The pope emeritus was concerned in his book *Truth and Tolerance* that reason and religion have parted company in modern times.[31] I would not want to put words in the mouth of Benedict, but I suspect he worries that the more we learn about the size of the universe—at both the subatomic and cosmological levels—the less we seem to know about the God of all Creation. One philosopher, Sam Harris, argued in *The End of Faith* that religion is terminal, an argument that is Earth shattering if we really are alone in the universe.

> *Our technical advances in the art of war have finally rendered our religious differences—and hence our religious beliefs—antithetical to our survival. We can no longer ignore the fact that billions of our neighbors believe in the metaphysics of martyrdom, or in the literal truth of the book of Revelation, or any of the other fantastic notions that have lurked in the minds of the faithful for millennia— because our neighbors are now armed with chemical, biological and nuclear weapons. There is no doubt that these developments mark the terminal phase of our [religious] credulity.*[32]

The flip side of Harris' pessimism is Benedict's expectation that God will somehow reappear and save us. Christian writer Joseph Iannuzzi supports the pope emeritus: Since God sent his only son to save the world, *it follows that he will indeed save it.*[33] Perhaps you and Patriarch Kirill are on the right track with your mission to save the world from the decadence and decay of the wicked West. As both a believer—and the most dangerous warmonger in human history—you certainly have a unique opportunity to bring about our salvation no less than our destruction. Nobody doubts that the war in Ukraine is your doing, and while it is also likely to be your undoing, you are still free to walk another path—the path of peace.

Do you ever lie in bed at night, wondering about how your religious convictions sit with the existential threat you represent to humanity? Can I respectfully suggest that while counting sheep, you also contemplate a sentence in today's message at Medjugorje: *Division is strong and evil is at work in man as never before.* It's hard to know where to begin with 'division' in the world. Was Mary talking about the geopolitics of the Ukraine war, or possibly the decision yesterday in the US Supreme Court to overturn nearly 50 years of settled law in Roe v Wade—a woman's implied constitutional right to bodily integrity and privacy?

You may not be aware that US presidential candidates in 2016 were offered substantial campaign funds in return for an undertaking to appoint judges likely to overturn Roe v Wade. Of all the candidates for president, only your mate Donald Trump accepted the offer, so now we have judges in the world's largest democracy who act like the judges you appoint (think of the sentences handed down to Sergei Magnitsky and Alexei Navalny) imposing unjustly harsh sentences and threatening judicial independence and the rule of law as we know it in the West.

If 'division' is strong and 'evil' is at work as never before then we have a serious problem Houston. Consider the evil put about by Hitler and Stalin and then take a deep breath. The bombs are bigger today and there's more of us to suffer and to die. An estimated 70 million people were casualties of World War II, and since then, the world's population has quadrupled to about eight billion. We all have a lot to lose, and yet, you keep raising the stakes. Mary says that in the end, Russia will be converted, and a period of peace will be granted to the world. But where is that prophetic 'end' and what will it cost us all to get there?

George Orwell pointed out that pacifism is founded largely on the belief that in the end good always triumphs over evil. *Don't resist evil, and it will somehow destroy itself. But why should it? What evidence is there that it does? And what instance is there of a modern industrialised state collapsing unless conquered from the outside by military force?*[34] What was more frightening to Orwell than bombs was the loss of objective truth in the modern world. He would have despaired at the idea of an American president whose modus operandi was to lie and deceive in preference to speaking to the truth—an artform inspired by a lifetime of jousting with an inscrutable justice system that allows serial litigants to say they won even when they lost.

For Orwell, the truth goes on existing no matter how much we deny it, as does liberal democracy, and these two obstacles to fascism are to be defended to the death. If you get time out from your busy life for some light reading, I can highly recommend Orwell's *1984* in which endless propaganda from a powerful leader like you seeks to persuade the masses that war is peace and they are culpable for thought crime. I am reliably informed that the book is on track to be Russia's best-selling fiction title in 2022 even though it was published in 1949.

May I conclude by saying that the most enlightened pacifist I ever met was your predecessor, Mikhail Gorbachev, who would have been at home in upstate New York at Woodstock in the 1960s. All of us in the West loved Gorbachev, but we did nothing to help him turn around Russia's economy. Imagine, if you will, that all the money the West is spending today in Ukraine to help blow up Russian soldiers was used to implement Gorbachev's plans for economic development and peace. The problem was, of course, that these plans never saw the light of day. Suffice to say that Boris Yeltsin did as much for economic reform and peace in six months than Gorbachev had done in six years. Have you ever thought about walking back some of Russia's peace and development plans with the benefit of your economic skills? Perhaps I will have an opportunity to canvass this idea in another letter.

Sincerely
Russia and Ukraine Peace Group

PS. To avoid any misunderstanding, I 'met' Mikhail Gorbachev only in the sense that he waved to me from the front passenger's seat of his Russian limousine as it entered a side gate in the Vatican City Gardens where I was strolling as a tourist in 1989. Gorby was visiting Pope John Paul II to help save the Cold War world.

Letter 6
Hope and Despair for the Ukraine Grain Crop

Russia and Ukraine Peace Group
Mary of the Angelus Community
2 Burringbar Street
Mullumbimby NSW 2482
Australia

July 25, 2022

Mr Vladimir Putin
President of the Russian Federation
Presidential Executive Office
23, Ilyinka Street
103132, Moscow
Russia

Dear Mr Putin

What looked like a beacon of hope—that you would allow Ukraine's grain crop to be exported from three ports on the Black Sea—has just disappeared, faster than the Russian oil and gas markets. I am talking about yesterday's tragic decision to bomb Odesa—Ukraine's 'Pearl of the Sea'. Pushkin described the sophisticated and elegant Odesa as a city where *the air is filled with all Europe*. Are you intending to perpetrate in Odesa what you did in Mariupol and raze the city? An editorial in today's *The Australian* newspaper did not mince words. *Even by the standards of gross inhumanity the world has come to expect from Vladimir Putin, Saturday's Russian cruise missile strike on the Ukrainian grain-exporting port of Odesa was an act of depravity almost impossible to comprehend.*[35] The level of anger is palpable, reminiscent of the world's response to Stalin deliberately starving to death as many as seven million Russian and Ukrainian civilians in the Holodomor ('killing by hunger') beginning in 1929. While nobody really knows where your war on Ukraine will lead us, few expected it would cause hunger and death in some of the world's poorest countries.

39

What the civilized world finds particularly galling is that the day before your missile strikes on Odesa, your defence minister, Sergei Shoigu, signed an agreement with the UN secretary general, Antonio Guterres, and the Turkish president, Recep Tayyip Erdogan. The agreement was supposed to allow large-scale grain exports from Ukraine's Black Sea ports to help stock the UN World Food Program. As you will eventually discover when your your oil and gas stocks are sufficiently depleted or exhausted, people need reliable sources of food no less than energy. In a globalized world, alternatives are available, and one thing war does is focus the mind on securing those alternatives.

Another thing I noticed in the past month is that Patriarch Kirill of Moscow seems to have gone quiet. Does he still think you're Saint Vladimir the Metaphysical, or is he having second thoughts? He will not be happy that Russia has lost between 15,000 and 30,000 (depending upon who you talk to) of its armed forces in Ukraine. That's a lot of funeral rites for the Russian Orthodox Church to preside over. Back in 2019 when the Ukrainian autocephaly was established, Kirill denounced those Orthodox Churches in Alexandria and Greece who supported the Ukraine Orthodox Church as 'schismatics' and 'forces of evil'.[36] And I wonder if the patriarch is regretting the excesses of his sermon in the Church of the Russian Armed Services on Forgiveness Sunday in March this year when he announced that dead Russian soldiers in Ukraine were *laying down their lives for a friend* just like Jesus did for his disciples.[37] Little wonder that the Softener of Evil Hearts icon began to weep!

Even more bizarrely, Kirill told the assembled congregation in one part of the sermon that Russia was fighting fascism in Ukraine, and then in the next breath he said that God's *greatest and holiest feeling* given to man is the feeling of love. Kirill might be wondering what the Russian forces were feeling as they raped, tortured and murdered hundreds of citizens in Bucha three months ago, burying the bodies in a mass grave. As Sam Harris points out, religious unreason remains among the principal causes of armed conflict, and religious people are, increasingly, the object of cynicism in a rational world.

The question of how the church managed to transform Jesus'
principal message of loving one's neighbor and turning the other

cheek into a doctrine of murder and rapine seems to promise a harrowing mystery; but it is no mystery at all. Apart from the Bible's heterogeneity and outright self-contradiction...the culprit is clearly the doctrine of faith itself. Whenever a man imagines that he need only believe the truth of a proposition, without evidence...he becomes capable of anything.[38]

Forgive me if I appear to be adding to the cynicism, but I reckon you're enthralled by Patriarch Kirill, his blessings and spiritual beneficence, no less than his unbridled admiration and adulation bordering on worship. My observation is based not only on what you say about each other, but also the radiant joy you both express when photographed in each other's company. In normal circumstances, your relationship would be a thing to behold and celebrate, but in the context of war against the people of Ukraine, it looks more like a symbiotic fusion of religion and politics.

I can see what benefits flow to you from the relationship although it's hard to know what is in it for a man of God who is supposed to be helping people rack up Brownie points for the day of judgement. Pope Francis has warned Kirill not to turn himself into your altar boy, while Patriarch Bartholomew of Constantinople said in an interview that it was inappropriate for Kirill to claim to be a brother of the people of Ukraine and at the same time *sanctify the war* against them.[39]

In his now infamous sermon in the Church of the Armed Services on Forgiveness Sunday in March, Patriarch Kirill pulled no punches when he declared *that our armed forces have sacred help from above, from God and from the heavenly saints.*[40] He denied the existence of an independent country known as Ukraine, asserting that there is no such people as Ukrainians, only Russians. And by claiming jurisdiction over Russia's neighbors in the name of God, by denying the territorial integrity and identity of the Ukrainian people—giving his tacit approval to torturing, maiming and killing them for the apostasy of their existence—Patriarch Kirill has made a declaration of holy war. In his own words, the target of Kirill's jihad is all of 'Holy Russia'.

Curious to me is the brazenness of the claim that Ukraine does not exist, while the historical fact is that the city of Kiev was head office to the Kievan Rus' region (including today's Russia) at the junction of

Europe and Asia when Moscow was a remote village on what was once known as the Black River. Professor Mark Galeotti says that to deny the existence of Ukraine is to rewrite the history of Russia.

> *Meanwhile, even as their troops battle over the Donbas region, the historians of Moscow and Kyiv battle over who can claim Vladimir the Great as their own: as Grand Prince of Kiev, does that mean the spiritual ancestor of modern Russia is actually a Ukrainian, or does his Ryurikid pedigree prove that Ukraine is truly just a semi-detached part of Russia? Ancient history, national myths and modern wars can be closer than we might like to believe, and nowhere more so than in the lands of the Rus'.*[41]

Writing in the *Foreign Affairs* magazine, author Anna Reid says that Russian claims that Ukraine doesn't really exist are nonsense, and no less absurd than saying Ireland doesn't really exist because it was once under British rule, or that Norwegians are really Swedes.

> *Although they won statehood only 31 years ago, the Ukrainians have a rich national history going back centuries...As for the neo-Nazi insult, this is belied by the fact that Ukraine's president, Volodymyr Zelensky, is Jewish and that in the most recent elections to parliament, in 2019, Ukraine's far-right party, Svoboda, won less than three percent of the vote. As Putin's imagined Ukraine has increasingly diverged from Ukrainian reality, the myth has become harder to sustain, the contradictions too acute. But rather than adjusting his historical fantasy to bring it closer to the truth, Putin has doubled down, resorting to military force and totalitarian censorship in a vain attempt to make reality closer to the myth.*[42]

Today I discovered on the internet a fabulous video of you and Patriarch Kirill officially attending the ceremonial unveiling of the shiny new Vladimir the Great statue in central Moscow. At 67 feet, the statue dwarfs its namesake in Kyiv—in size as well as demeanor. The Great Man is depicted in Kyiv as a Jesus-like pilgrim holding his large cross in one hand and the Great Prince hat in the other, while the

Moscow version is a wide-eyed warrior grasping both cross and sword. I must say, the contrast made me smile, as did the names—Vladimir in Moscow and Volodymyr in Kyiv. God must have a sense of humor!

Also today, I was interested to read in the monthly message from Medjugorje that Mary is still talking about conversion, although not specifically about the conversion of Russia. I just had a look at the messages of 40 years ago in search of an early reference to conversion, and in May 1982, Mary was reported by the visionaries as saying she had come to call the world to conversion for the last time. Medjugorje would be her last appearances on Earth. In July of 1982—almost 40 years ago to the day—the Blessed Mother reportedly said there would be no third world war.[43] A good news story at the end of a long day worrying about how the war of statues of the man who forcibly converted Kievan Rus' to Christianity in 988 CE might be resolved.

Sincerely
Russia and Ukraine Peace Group

Letter 7
History as Justification for Invading the Neighbors

Russia and Ukraine Peace Group
Mary of the Angelus Community
2 Burringbar Street
Mullumbimby NSW 2482
Australia

August 25, 2022

Mr Vladimir Putin
President of the Russian Federation
Presidential Executive Office
23, Ilyinka Street
103132, Moscow
Russia

Dear Mr Putin

Permit me to say something more about those competing statues of the Great Man (Vladimir in Moscow or Volodymyr in Kyiv) since I have now had the opportunity to read a translation of your remarks at the unveiling ceremony on National Unity Day in 2016. You spoke passionately and reasonably—as you often do when you're not angry.

> *Prince Vladimir went down in history forever as a gatherer and defender of Russian lands, as a far-sighted politician who created the foundations of a strong, unified, centralised state, which, as a result, united equal peoples, languages, cultures and religions into one huge family. His era knew many accomplishments, and the most important, decisive, of course, the key accomplishment was the baptism of Rus'. This choice became a common spiritual source for the peoples of Russia, Belarus, Ukraine, and laid the moral value foundations that determine our life to this day.*[44]

Nobody I know believes you would be satisfied just to bring Belarus and Ukraine inside the Russian tent when the Kievan Rus'

44

empire stretched almost all the way to the Artic Circle in the north and west to Poland. A few years before Vladimir or Volodymyr signed up the people of Kievan Rus' to Christianity in 988 CE, the 'Good King Wenceslas' (who was in fact a duke) of Bohemia raised a white flag to German invaders under King Henry the Fowler. *The bowing of a Bohemian duke to the greater power of a German king would be cited a thousand years later by Adolf Hitler as justification for his invasion of the Czech lands.*[45] Your claim to *the indivisibility and integrity of the thousand-year long history of our country* as justification for invading the lands of the people of Ukraine is no less spurious.

For the record, your warrior prince and saint, Vladimir the Great, chose Christianity above the other religions of the day as a stepping stone to consolidating his empire, and to win the hand of Anna—the sister of the Byzantine emperor—in marriage. Christianity was the price of the union along with military support. One by one, the wooden pagan idols on the hills surrounding Kiev were pulled down, and the city's citizens herded into the River Dnieper for forced baptism.

The deal was struck with Vladimir baptised at Cheronesos. Later, he would be sanctified as Holy Grand Price Vladimir, Equal of the Apostles, but this seeming act of piety was actually a piece of ruthless statecraft. It reaffirmed his status as greatest of the Rus' and cemented ties with their most powerful neighbor and richest trading partner.[46]

One last thing comes to mind about your remarks at the unveiling of the 67 feet statue of Vladimir the Great in Moscow, and that is your observation that Vladimir's 'choice' of Christianity over paganism *became a common spiritual source for the peoples of Russia, Belarus, Ukraine...* Most Christians I know would say that their religion is not a 'choice' as such but a gift of faith. Jesus said he chose us—not the other way round. If Christianity is a mere choice then the role of God in the relationship with humanity is diminished. You may be aware of this weekend's readings in the West from the First Letter of John.

My dear friends, let us love one another for love comes from God. Everyone who loves is born of God and knows God. Anyone who fails to love can never have known God because God is love. God's love for us was revealed when God sent into the world his only Son so that we could have life through him. This is the love I mean: not that we loved God, but that God first loved us when he sent his Son to be the sacrifice that takes our sins away.[47]

Judging by his remarks at the unveiling of the statue of Vladimir the Great, Moscow's Patriarch Kirill also knows about the love of God.

This monument is a reminder to everyone who looks at it: 'Are you just as sincere in your faith, in your love for the Fatherland, for the people, as is Saint Prince Vladimir? Or do you want to distance yourself from everyone and everything for the sake of private gain and self-interest?' A Christian is one who follows Christ not only when it is convenient and comfortable, but always. A true follower of Christ cannot but ache in his heart not only for his loved ones, but also for his city, for his country, for the whole world. The most terrible misfortune of our time is not economic and political crises, but an acute, now chronic, lack of love: for each other, for our Creator and for all creation.[48]

At the end of his remarks, Kirill recognised that the Great Prince of Kyiv and Moscow is the father of all the people of historical Rus' *now living within the borders of many states*. A monument to a father can be wherever his children live, said Kirill, but *it is bad if children forget they have the same father*. Worst of all, if I may say so, is families maiming and killing each other over their shared origins. In English, we have a new verb 'Putinise' to describe the condition. I know you have little or no regard for the West, but most of us do our best to find something to love in everyone, engaging in war only when we're obliged to protect one another from unjust aggression and persecution.

As surely as night follows day, the time will come when Patriarch Kirill or one of his successors unhitches the Christian chariot from your murderous war machine since loving the neighbors is the second highest precept for the followers of Christ after the love of God. The Russian Orthodox Church cannot serve two masters, especially now that Russian soldiers are returning from the war in caskets in such numbers that the state is obliged to scour the ranks of prison inmates to replace them. Patriarchs will grow tired of trying to explain to the wives, mothers and siblings of Russian soldiers why their men are dying in a fratricidal war.

At the beginning of the war, only Metropolitan Onufry of the Ukrainian Orthodox Church of the Moscow Patriarchate was brave enough to call out the 'military intervention' for the abrogation or moral responsibility it represents. *The Ukrainian and Russian peoples came out of the Dnieper baptismal font, and the war between these peoples is a repetition of the sin of Cain, who killed his own brother out of envy. Such a war has no justification either with God or men.*[49] Kyiv's Volodymyr Zelensky is your brother, Abel, who you're trying to kill, and even if you were to succeed, the crime would condemn you to the life of a lost soul, wandering in search of the land of Nod.

Of course, there may be no God, and all religion turns out to be a figment of human imagination (a subject I hope to explore in another letter), meaning you're home free for your crimes against the people of Russia and Ukraine. Given the monstrosity of the crimes though, I would like to think that you're accountable down the track—God or no God—perhaps as an inmate at the Scheveningen Prison in the Hague, an old man wheeled into the International Criminal Court with a shawl around your knees, raging at the judges about to pronounce judgement on you and hand down your sentence.

Given the proportionality principle in sentencing that operates in the West, the first question the court may need to consider is the appropriate sentence for egregious mass murder when you get 15 years in Russia for describing the Ukraine 'special military operation' as a war? Or worse, a de facto life sentence for actively opposing the government in supposedly democratic elections? In a harsh and unjust sentencing regime such as the one operating in Russia, the sky's the limit on punishment, so you'll be hoping the Christian 'do unto others' principle does not apply in international human rights law proceedings.

Just this week, you levelled rubbish charges and jailed the former mayor of the Urals city of Yekaterinburg, Yevgeny Roizman—an ally of Alexei Navalny and the last of Russia's leading opposition figures not already behind bars or in exile.[50] Free and fair elections can never be held in Russia while you remain in power since the main candidates likely to oppose your policies are now locked up. I read in a new book that you were a moderate and fair-minded official in St Petersburg, but once you arrived in Moscow in the autumn of 1996, Boris Yeltsin gave you a mandate to be tough. No surprise to me that the mandate *seemed to fit him like a glove*.[51] *Putin: His Life and Times* is a doorstop of a biography by author Philip Short who spent eight years writing the tome. I'll keep you posted as I make my way through the 850 pages.

You still have time to withdraw from Ukraine and say it was all a big mistake. Just say you had a look at the size of Russia on a map—almost twice the size of any other country—and you realized you did not need more land from Ukraine. And nobody told you that countries likely to defend Ukraine make the best weapons and enjoy total GDP exceeding $40 trillion (compared with Russia's $1.8 trillion). You apologize for not undertaking more diligent research before announcing the 'special military operation' but you were surrounded by people unwilling to disabuse you of your delusions of military grandeur. Hand in glove with Christian love is forgiveness, so you can fairly ask the people of Ukraine and Russia to forgive you, since most of them are still Christians capable of seeking divine intervention through the intercessory power of the saints, including Saint Prince Vladimir the Great, who, you may think, made a wise 'choice' about his religion whatever the technicalities of his theology.

Some people will say that forgiveness is a hateful and contemptible idea and not a virtue at all. How does a Russian or Ukrainian—who has lost loved ones to the carnage you have inflicted upon them—forgive? Of all the Christian virtues, CS Lewis said, forgiveness is the most unpopular because the biblical imperative to love 'thy neighbor' includes 'thy enemy'.[52] Lewis argued that the difficulty could be made easier by looking at the full text of the instruction: 'Love thy neighbor as thyself'. As Lewis expressed the notion, love does not mean feeling fond of your neighbor, or finding him attractive, but rather, recognising that he or she is no different to your good or bad self.

In my most clear-sighted moments not only do I not think myself a nice man, but I know that I am a very nasty one. I can look at some of the things I have done with horror and loathing. So apparently I am allowed to loathe and hate some of the things my enemies do.

Now that I come to think of it, I remember Christian teachers telling me that I must hate a bad man's actions but not hate the bad man: or, as they would say, hate the sins but not the sinner.[53]

Often in my work as a lawyer, I have seen people forgive unspeakable crimes against them and their families, believing that they cannot recover from great loss so long as they remain unforgiving. For others, asking them to forgive is just another burden to carry, so they have to get there in their own way—and in their own time. Lewis says that while it's difficult to love people who seem to have nothing lovable about them, God gives us the example of loving ourselves. We continue to do it despite our failings. God intends us to love all selves in the same way as we love ourselves. *He has given us the sum ready worked out in our own case to show us how it works.*[54] Lewis' observations illuminate a whole new aspect of God's love and enlighten us in our understanding of forgiveness.

Sincerely
Russia and Ukraine Peace Group

Letter 8
A Referendum Concerning Human Dignity

Russia and Ukraine Peace Group
Mary of the Angelus Community
2 Burringbar Street
Mullumbimby NSW 2482
Australia

September 25, 2022

Mr Vladimir Putin
President of the Russian Federation
Presidential Executive Office
23, Ilyinka Street
103132, Moscow
Russia

Dear Mr Putin

I was going to write something more this month about what Christians actually believe when they speak to the existence of God, but so much else has happened that the missive will have to wait for another day. For a start, two extraordinary human beings have just left this mortal coil within a couple of weeks of each other. I speak of Mikhail Gorbachev of Great Russia and Queen Elizabeth II of Great Britain. We in the West loved Gorby, as you know, no less than we loved Lizzy. I hope they're comparing notes in the Great Beyond about freedom, duty, justice and benign democratic government. Meanwhile, your special military operation in Ukraine gets sillier by the day—even your defence minister is now calling the intervention a war.

According to the latest news reports, your troops on the ground in the Kharkiv region have fled the battlefield, leaving behind more than a thousand Ukrainian citizens tortured and killed. As they did in Bucha, Russian soldiers committed war crimes against innocent civilians before abandoning their weaponry and retreating. Head of the Kharkiv regional administration, Oleg Synegubov, said that 99 per cent of bodies exhumed in mass graves showed signs of violent death.[55]

Malevolence of this kind is a far cry from the early days of your presidency when you were fond of quoting Gorby the Great: *We should have one dictatorship for all, the dictatorship of the law.*[56]

You have decided to call up 300,000 military reservists in response to the military defeats you suffered, prompting at least one Ukrainian adviser to point out that the reservists will be obliged to walk to the frontlines to collect the Russian transport vehicles left behind after your regular troops were routed. Nikolai, a pensioner living in Izyum where more than 400 mutilated bodies of civilians were found in mass graves, was unconcerned about Russian soldiers returning. *'How to they intend to come back?' he asked. 'On what exactly'.*[57]

During International Women's Day on March 8, you addressed the concerns of Russian women who feared the widow-making potential of war in Ukraine, assuring them that no reservists would be called up to fight. No surprise to me that your speech has gone viral on social media and your words have come back to bite you.

> *I'd like to address the mothers, wives, sisters, fiancées and girlfriends of our soldiers and officers who are now in combat and protecting Russia in the special military operation. I understand that you care about your nearest and dearest. You can be proud of them just as the whole country is proud of them and cares about them alongside you. Let me stress, soldiers undergoing compulsory military service are not taking part and will not take part. Neither will there be an additional call-up of reservists. Only professional soldiers are meeting the challenges. I'm confident that they will reliably ensure safety and peace for the people of Russia.*[58]

Perhaps the war on your neighbors will be the most deceitful and duplicitous special military operation in human history. I see that your officials in eastern and southern Ukraine—in selective parts of the Donetsk, Luhansk, Kherson and Zaporizhzhia regions—are canvassing door to door with armed Russian soldiers in an attempt to have local civilians sign up for what you're calling a citizens' referendum. Once you have enough signatures asserting Russian authority, their homes will likely be levelled as collateral damage to the war, and you will then justify the action on the basis that you're merely defending

51

Russian land. To quote your former prime minister Dmitry Medvedev, *Encroachment into Russian territory is a crime, and if it is committed, that allows you to use all possible force in self-defense.*[59] As deputy chairman of your security council, Medvedev may not be the sharpest tool in the Russian shed, but it's hard to believe he could speak in support of people signing up for their own annihilation.

The Economist magazine reports you making a 'lightly veiled' threat to use nuclear weapons in the so-called contested regions of Ukraine, to deter the people of Ukraine against taking back the territory you stole. On the subject of the referendum, the editorial writer says the ballot was to be held at three days' notice and at gunpoint, and the results are not in doubt. The aim appears to be to give you *a rhetorical justification for describing Ukraine's efforts to recapture its own territory as attacks on Russia itself.* May I respectfully suggest—as an alternative to blowing people up—why not use the results of the referendum to remove your troops from Russia? Just speak to the truth and say a majority of people in eastern and southern Ukraine would rather not live under the yolk of Russian occupation—as you now know—so you have decided to pull out your troops.

Since the last referendum in Ukraine 30 years ago—the one that was properly supervised under international law—nothing has changed other than Russia becoming increasingly autocratic and belligerent. Why not say that you have had a closer look at the results of the 1991 referendum in Ukraine and you now realize that the vote for independence from Russia was overwhelming? I gave you the details from Gorbachev's biography in a previous letter,[60] but in case you have forgotten: 84 per cent of eligible voters turned out to vote and more than 90 per cent of voters said 'yes' to separation from Russia. In the Luhansk region, the 'yes' vote was more than 83 per cent, and in the Donetsk region it was 77 per cent. Give everyone a break and abide by the will of the people, Mr Putin, even if it means admitting that Russia is even less popular now than in 1991 thanks to your efforts to turn democracy on its head.

A word, if I may, about something that seems to me to be a blind spot in your perception of the democratic world. I refer to your apparent lack of empathy for the lives of fellow human beings, which would help to explain why prospective Russian conscripts are taking whatever means are available to them to escape military service. In my neck of the woods, we believe that every human life is important, and we kill and maim each other at our peril—and only in self-defense. Democracy works only if we trust and respect each other. The need to be respected is said to be a constant principle of your life, and yet your lack of respect for the lives of others is breathtaking. Did you really expect the people of eastern and southern Ukraine to sign away their human rights and dignity at the point of a fascist gun while democracy stood idly by?

In an excellent essay in this month's *Foreign Affairs* magazine, Yale University history professor, Timothy Snyder, describes fascism as it operates in Russia as a specific form of tyranny characterized by a cult of personality, a de facto single party, mass propaganda, the privileging of will over reason, and a politics of us-versus-them. Fascism places violence over reason and can be defeated only by force.

Ukrainian resistance to what appeared to be overwhelming force reminded the world that democracy is not about accepting the apparent verdict of history. It is about making history; striving toward human values despite the weight of empire, oligarchy, and propaganda; and, in so doing, revealing previously unseen possibilities...It should not have taken the deaths of dozens of journalists for us to see the basic truths... That it took so much effort (and so much bloodshed) for the West to see Ukraine at all reveals the challenge that Russian nihilism poses. It shows how close the West came to conceding the tradition of democracy.[61]

Just so you know, Snyder says the West is in for the long haul in Ukraine, believing it's essential for Europe that Russia lose the war.

The European states that today pride themselves on their traditions of law and tolerance only truly became democracies after losing their last imperial war. A Russia that is fighting an imperial war in Ukraine can never embrace the rule of law, and a Russia that controls Ukrainian territory will never allow free elections. A Russia that loses such a war, one in which Putinism is a negative legacy, has a chance. Despite what Russian propaganda claims,

Moscow loses wars with some frequency, and every period of reform in modern Russian history has followed a military defeat.[62]

I am grateful to Snyder for alerting me to the fact that your attack on Ukraine is a mirror of Hitler's attack on Czechoslovakia in 1938. It may be trite to say so, but history does indeed have a habit of repeating itself. World War II might not have happened if the German Wehrmacht had met resistance in Czechoslovakia. Instead, its allies abandoned the country, allowing Hitler to impose the Nazi iron fist.

Putin's rhetoric resembles Hitler's to the point of plagiarism: both claimed that a neighboring democracy was somehow tyrannical, both appealed to imaginary violations of minority rights as a reason to invade, both argued that a neighboring nation did not really exist and that its state was illegitimate...In 1938, Czechoslovakia had decent armed forces, the best arms industry in Europe, and natural defences improved by fortifications. Nazi Germany might not have bested Czechoslovakia in an open war and certainly would not have done so quickly and easily.[63]

Unlike Czechoslovakia's leaders, brave Volodymyr Zelensky chose resistance over exile, and instead of abandoning the country, Ukraine's democratic allies chose to take a stand against your aggression. Both events were fortuitous, allowing Goethe's principle to take effect: once we commit ourselves, other forces come into play in support of our decision that we never could have imagined were at our disposal. Nobody can change the past, but more than most people, you have a chance to write history. Think of Ukraine as that rat you cornered as a child in Leningrad. When it came after you, discretion was the better part of valor, and you ran away—the sensible thing to do then as now.

Another reason to walk back your ambition in Ukraine is that the belief system you claim as your religion—your Orthodox Christian faith and heritage—demands at the most basic level a willingness to sacrifice self to the greater good. The people who promoted you to a position of power in the Kremlin believed at the time they were saving Russia from the proponents of communist ideology as it manifest in the

Soviet Union. But now those people have deep regrets, saying that power comes from God. *And if power comes from God, then there is no need to interfere* in the political process.[64] Of course, this rather begs the question why a loving God would allow you to receive—and then to abuse—such extraordinary and unconstrained power.

I mentioned at the beginning of this letter that I wanted to ask what you think as a practicing Christian—what Christians actually believe when they speak to the existence of God? It's a subject that troubles me deeply as I watch the parties to the Ukraine conflict dig in, apparently more intransigent than ever in their search for peace, while the God of all creation seems quite content with his or her sky view of human misery. Maybe we're on our own after all, and Mark Galeotti got it right in his final words at the end of his short history of Russia: *Putin really should not have trifled with history. History always wins.*[65] The question for the ages is what part does God play in human history?

Sincerely
Russia and Ukraine Peace Group

Letter 9
A Difficult Message from Medjugorje

Russia and Ukraine Peace Group
Mary of the Angelus Community
2 Burringbar Street
Mullumbimby NSW 2482
Australia

October 25, 2022

Mr Vladimir Putin
President of the Russian Federation
Presidential Executive Office
23, Ilyinka Street
103132, Moscow
Russia

Dear Mr Putin

Congratulations on reaching your 70th birthday earlier this month—a good age given the risky life you lead. As both spy and spooky theorist, you certainly made your mark. But like the rest of us, you are growing old, and have a used by date. Think Daniel Craig's last iteration of James Bond—it may be that now is a time to die. Imagine the lives you would save in Russia and Ukraine if you just popped off this mortal coil, allowing peace negotiations to begin in earnest, and for people to grieve without the fear of incoming artillery shells. At Medjugorje today, Mary the 'Theotokos' is reported to have said that humanity has decided to die, so death is about. What could be wrong with claiming your eternal reward? A good person will have nothing to fear from death other than the prospect of peace.

All terrorists of all religions believe they are martyrs to the cause—or victims of injustice at the very least—who hope to receive in the next life what eluded them in this one. For a man like you, with everything he could want at the click of a firing pin, what is it exactly you hope to receive from the God of all creation when you die?

Another Vladimir statue in Moscow seems somehow less worthy, in my book, than a place in the pantheon of stocks and rotten tomatoes.

Christians more charitable than I assure us that the three most important things in life are to give praise, to give thanks and to serve. To serve, of course, means to support and love one another—especially our neighbors. Russia's neighbors report that *Putin wants our land, but not our people, so he kills us.*[66] How will you answer that indictment before God? Perhaps you are one of those people who say that God has no part to play in human history since the God of all creation simply let it all go in the Big Bang. No matter how the God particles dispersed, they were predestined to become the unfolding history of the universe. It matters little, on this view of creation, whether everything or nothing was left to chance, since it was God's plan from the beginning.

Christians could be wrong, of course, and all religion could be a figment of human imagination, a reservation I expressed in a previous letter, and which I repeat now, just in case you belong to the nihilistic school of thought that says everything was determined at the moment of the Big Bang and human history is immutable and set in stone (or particle physics if you prefer). The problem with the unchangeable theory of the universe is that everything is highly mobile at the subatomic level, moving about in a frenzy of indeterminate activity—rather like your war in Ukraine. Spare a thought for the people of Ukraine who bed down this winter not knowing whether they will lose their public utilities or their lives in the uncertainty of sleep.

Mary the 'Theotokos' says we can change the course of human history with prayer. In one of her first appearances at Medjugorje in 1981, the Blessed Mother is credibly reported as saying to the six young visionaries: *You have forgotten that with prayer and fasting you can keep war at bay; you can suspend the laws of nature.*[67] None of us is beyond redemption—including religious terrorists—and we are all capable of changing course with God's grace. Even if 'humanity has decided to die', it may not be the end of human history according to the Christian story since our best days are ahead of us.

You will recall from my first letter that Mary said something in a similar vein to 'humanity has decided to die' when you launched your war on Ukraine. Her words on February 25, 2022, were 'Satan has visited the Earth'. Both statements are controversial since they call into question our culpability for things over which we have little or no control. Indeed, Satan visiting the Earth is actually more problematic than humanity deciding to die in the sense that we are unable to see and comprehend diabolical activity. While we can bear witness to the evidence for man-made climate change, for example, as one way humanity has decided to die, we are still left groping in the dark and writing our individual narratives about the work of the devil.

American writer and missionary to Siberia, Mary Kloska, explains in her book, *A Heart Frozen in the Wilderness*, what happened after the demon she describes as atheistic communism was cast out of Russia in 1991. Through no fault of the Russian people, many other demons entered the country to fill the void left by the departure of the Marxist-Leninists. Mary Kloska worked in remote villages of Russia where she witnessed drunkenness on a grand scale, pornography on billboards, prostitutes lining the streets and children abandoned to fend for themselves. She quotes the biblical story of the unclean spirit wandering the world looking for rest, and finding none, remembers the home it has known. The home is still empty, so the unclean spirit returns with seven other spirits, each one more evil than itself.[68]

Our knowledge of Satan is limited to bible stories which may or may not be literally true. If I say that Vladimir Putin is the devil incarnate, people know what I mean in a general sense—blowing up Ukraine looks like the work of the devil. But we are not really capable of understanding the notion of unclean spirits wandering in and out of the physical world we know and love. On the other hand, the imperative that 'humanity has decided to die' is comprehensible, understandable and shocking. Some people would also say it is insensitive, uncaring and unlikely to be true if a head count of the human race were possible.

Many of us have decided not to die, and instead to hope, to pray and to look forward to the promised change of the human heart—to Mary's triumph over evil no less. It could be said in faith that we refuse to be disappointed, and like the people of Ukraine, we refuse to abandon our birthright even in the face of diabolical evil. For the record, the proposition that 'humanity has decided to die' in relation to man-made global warming is also problematic if you consider the disproportionate individual human carbon footprint in poor countries compared with developed countries. A recent report from Oxfam found that the impact on climate change caused by oligarchs and billionaires is more than a million times higher than that of the average person.[69] In developed countries, the average person still consumes far too much, taking us to the edge of extinction on our present trajectory.

> *Scientists tell us that even at the existing levels of aggregate global consumption we are already overshooting our planet's ecological capacity by about 60 per cent each year...To get a sense of how extreme this overconsumption is, if we were all to live like the average citizen of the average high-income country, we would require the ecological capacity equivalent to 3.4 Earths.*[70]

The year 2022 is not just the 70th year of your life and the year you decided to engage on a frolic of your own in Ukraine, but also the year the Nobel Prize in Physics was awarded to three scientists for their work to develop Einstein's theory of particle entanglement in quantum mechanics—spooky action at a distance.[71] You would like this stuff which gives a person the power to control things simultaneously on opposite sides of the universe and in the neighbors backyards. Perhaps we will learn, one day, that particle entanglement is the way Satan is capable of operating in both the physical and spiritual worlds.

In the meantime, all I really know about Satan is limited to naming rights on that Sarmat skyrocket which you boast could wipe out Ukraine in one big bang with its multiple nuclear warheads. If you were to fire it, historians will mark you down as the greatest special-military-operation criminal of all time, a title that does not have the same ring to it as Vladimir the Great, for example. For this reason, I was delighted to read local news reports just this week that you informed a forum in Moscow that there were no plans to use nuclear weapons. *There is no point in that, neither political nor military.*[72] Good for you! Keep up the good work, and give some thought to a sensible discussion about peace.

Sincerely
Russia and Ukraine Peace Group

Letter 10
The Divine Right of Dictators and Oligarchs

Russia and Ukraine Peace Group
Mary of the Angelus Community
2 Burringbar Street
Mullumbimby NSW 2482
Australia

November 25, 2022

Mr Vladimir Putin
President of the Russian Federation
Presidential Executive Office
23, Ilyinka Street
103132, Moscow
Russia

Dear Mr Putin

While I am reluctant to draw out the funereal theme of my last letter, it seems that Mary has once again raised the issue of death in the context of her monthly message to the world at Medjugorje, although this time, thankfully, in contradistinction to the choice for love and hope. Also, it just so happens that a few days ago, I came across British journalist John Sweeney's book *Killer in the Kremlin*, an 'explosive account' of your 'reign of terror' according to the blurb on the front cover. The list of people you are alleged to have poisoned, punished or pushed to their deaths is breathtaking—not to mention those who died as casualties in your wars. Negotiating a truce will not be easy, says Sweeney, *with an army that sends missiles against blocks of flats, butchers civilians, rapes defenceless women and loots people's homes.*[73]

At the end of his book, the British journalist points out that you made the same mistake as the last Romanov tsar, Nicholas II, who hopelessly overestimated the might of the Russian army and the willingness of its 'serf soldiers' to die in a war that nobody could understand. I gather from the book that you believe you fight for a righteous and just cause and are destined for heaven when you die.

Perhaps like the Romanovs you will be canonized by the Russian Orthodox Church. Good luck with that! Sweeney is not so optimistic.

I predict that Vladimir Putin has not long left for this world. The rouble is being pumped up high by Russian reserves, but when the Western sanctions bite hard the Russian economy will tank and then the Russian people will rise up, again. Or one of his generals may reach for his revolver. Or one of his doctors may see to it that he never wakes up after surgery. Or he may die a of a tumour triggered by too many steroids... That Putin ends up poisoning himself [would be] an ending fit for Shakespeare.[74]

For those of us in the West who bear the mark of Christianity (or the beast, if you prefer), we also bear some discomfort with the murders of Tsar Nicholas II and his family by the Bolsheviks in 1918, followed by their rehabilitation as saints in the year 2000 to coincide with your star-like appearance at the top of the Russian political tree. As Catherine Belton noted in her book, *Putin's People*, it was odd that *a KGB officer who'd spent his career serving a state that outlawed the Orthodox Church [would] profess religious belief.* Belton, the former Moscow correspondent for the *Financial Times*, said of your religious belief:

From the beginning, [Putin and his KGB men] were searching for a new national identity. The tenets of the Orthodox Church provided a powerful unifying creed that stretched back beyond the Soviet era to the days of Russia's imperialist past, and spoke to the great sacrifice, suffering and endurance of the Russian people... According to one oligarch who viewed the surge in religious belief with scepticism, it was conveniently designed to make serfs out of Russians again, and keep them in the Middle Ages, so that tsar Putin could rule with absolute power.[75]

Catherine Belton's main informer for her book was your former banker and Orthodox believer, Sergei Pugachev, who lives in exile in France. The oligarch related a fascinating story about the two of you attending church together on Forgiveness Sunday—the last Sunday before Orthodox Lent. Pugachev told you to prostrate yourself in front of the priest, as was the custom, and to ask forgiveness. *'He looked at me in astonishment. "Why should I?" he said. "I am the president of the Russian federation. Why should I ask forgiveness?"'* Pugachev found you a confessor, and instructed you in the nuances of the Orthodox faith—although not without regret. *I would never have introduced Putin to the Church if I'd known how it would all end up.*[76]

If you have any faith in the God of love then you will have no choice but to do what you find most objectionable—ask for forgiveness. Here are three big lies you might want to confess. Big Lie Number One: on February 21 this year you wrongly asserted that the Luhansk and Donetsk regions of Ukraine were part of Russia and therefore you were no longer bound by the Minsk agreements. Big Lie Number Two: three days later on February 24, you invaded Ukraine on the back of Big Lie Number One, asserting that neo-Nazis and NATO were threats to Russia. Neo-Nazis in Ukraine were always a figment of your vivid imagination—just like the biological and chemical warfare factories supposedly corresponding with the pattern of your bombing campaign. And Big Lie Number Three: Zaporozhye and Kherson—like Luhansk and Donetsk—are really Russian enclaves in Ukraine that long to be reunited with Russia. Each or these big lies awaits your humble apology and earnest request for forgiveness.

Perhaps the best way to show your remorse is to withdraw altogether from these four regions of Ukraine. During the 'treaty' signing ceremony for the illegal accession of the four regions, you boldly announced that Ukrainian citizens who happened to live in those regions were henceforth citizens of Russia 'forever'. In the case of the city of Kherson, 'forever' lasted just a few weeks. Russian soldiers abandoned the city under pressure from the Ukrainian army. Bite the bullet, I say, and withdraw as well from Zaporozhye, Luhansk and Donetsk, and then you can legitimately sue for peace.

Furthermore, it would also greatly assist the peace process if you stopped raving and ranting about the wicked West and our perversions. Trust me, we're no worse or better than the people of Russia when it comes to our moral, sexual, or spiritual proclivities. We have no reason to cause harm or displeasure to the Russian people. To the contrary, we would like to see peace and prosperity for everyone. But you persist in defaming us and undermining our efforts to bring Russia into the world community—for our benefit as much as for the Russian people.

Meanwhile the West continues looking for another chance to strike a blow at us, to weaken and break up Russia, which they have always dreamed about, to divide our state and set our peoples against each other, and to condemn them to poverty and extinction. They cannot rest easy knowing that there is such a great country with this huge territory in the world, with its natural wealth, resources and people who cannot and will not do someone else's bidding...All we hear is [that] the West is insisting on a rules-based order. Where did that come from anyway? Who has ever seen these rules? Who agreed or approved them? Listen, this is just a lot of nonsense, utter deceit, double standards, or even triple standards! They must think we're stupid! [77]

Well, we don't think the Russian people are stupid, but we have our concerns about you. The rules-based order that bothers you so much is the one Russia signed up to when it became a permanent member of the United Nations Security Council in 1945. If you continue ignoring the rules while maiming and killing the people of Ukraine then you will not be surprised to learn that not a few UN members want to question why you should continue to have any role to play in the security of nations.

Just two days ago, the European Parliament declared Russia a state sponsor of terrorism for deliberate attacks and atrocities in Ukraine, thereby violating human rights and international humanitarian laws—laws you conveniently say you have never seen. The parliament's resolution passed with 494 members voting in favour, 58 against and 44 abstaining. Unlike your referenda in the Donetsk, Lugansk, Zaporozhye and Kherson regions of Ukraine, the vote was fair and transparent—no threats from down the barrel of a gun. Congratulations on joining the other hermit kingdoms of the unfree world including North Korea, Iran and Afghanistan. Your march towards the International Criminal Court in The Hague is as predictable as your defeat on the battlefields of Ukraine if you continue to ignore the opportunities to sue for peace.

Tomorrow is the annual remembrance day in Ukraine for the seven million people who perished during Stalin's Holodomor ('murder by starvation')—just 90 years ago. Stalin sought to replace Ukrainian farms and villages with state-run collectives, which fed Russia and the West. As the Ukrainians died of starvation, Stalin repopulated their country with Russians. I reckon you're trying to do the same thing today except you're using missiles on Ukrainian infrastructure instead of stealing food to achieve your merciless objectives.

With a better understanding of the Cyrillic languages, I could offer new words and phrases to describe your recent exploits in Ukraine. In English, 'murder by freezing' comes to mind as you attempt to cripple the Ukrainian electricity network this winter. Or 'murder by radiation' for occupants and nearby residents of the Zaporizhzhia Nuclear Power Plant. Or 'murder by migration' for the seven million Ukrainians you have forced into exile in Europe. Or 'murder by medicine' for the wounded and dying who seek treatment in the hospitals you bomb.

During Holodomor Memorial Day, spend some time reading an essay titled 'Putin's Stalin Phase' by Andrei Kolesnikov in this month's *Foreign Affairs* magazine.[78] If you don't find some parallels between the mustachioed monster and your good self then you would be reading too quickly in my opinion. God willing, you might also find some fresh reasons to consider the option for peace, although like British journalist John Sweeney, I fear you're running out of runway.

Sincerely
Russia and Ukraine Peace Group

Letter 11

In the Second Winter of Everyone's Discontent

Russia and Ukraine Peace Group
Mary of the Angelus Community
2 Burringbar Street
Mullumbimby NSW 2482
Australia

December 25, 2022

Mr Vladimir Putin
President of the Russian Federation
Presidential Executive Office
23, Ilyinka Street
103132, Moscow
Russia

Dear Mr Putin

I see that today's Gregorian calendar anniversary of the birth of Jesus was celebrated in Ukraine's Kherson region with one of your army units digging in following a Russian artillery barrage. According to the report, soldiers from the Russian 1st Army Corp were mistakenly targeted by their own artillery, like some autophagic mythical monster trying to avoid detection on stolen land. Similarly in the Donbas region, Russian troops are under attack from both Russian and Ukrainian artillery. In light of your previous observations that Russians and Ukrainians are one people, the expression 'friendly fire' gets a whole new meaning. Pity those on the ground who die the same unfathomable deaths whether killed by Russians or Ukrainians.

Reliable reports suggest 100,000 Russian soldiers are dead or dying from the conflict, with a similar number of soldiers lost in Ukraine. A poll carried out by the Kremlin's Federal Guard Service says that 75 per cent of the Russian people are now opposed to Russian troops remaining in Ukraine.[79] Before the 'special military operation', just 11 percent of Russians regarded the people of Ukraine as their enemies. Unsurprisingly—thanks to your highly successful propaganda campaigns—the Russian people today are dazed and confused about why their loved ones are dying in Ukraine.

It seems to me that support for your war in Ukraine is thin on the ground—not just in Russia. Europe has made alternative arrangements for oil and gas; western sanctions have begun to bite; your false claims of 'denazification' are recognised as incitement to commit genocide; and the evidence is mounting of mass killings, torture and rape of civilians by Russian soldiers. Prosecutors in Ukraine have assessed more than 60,000 alleged war crimes committed by your occupying forces. Perhaps the only place where support for the war remains undiminished is the US Congress where an additional $US45 billion has just been legislated to assist the Ukrainian people—on top of the $US68 billion already approved and dispersed mostly as military aid.

United States support for freedom, democracy and protection of human rights and liberal values is nothing new as you would know from your studies of Russian history. When Hitler attacked his former ally, Russia, in the 1940s, the United States came to the Soviet Union's rescue with a package worth $US180 billion in today's money. Allied support for Russia in the Great Patriotic War was staggering:

- 400,000 jeeps and trucks
- 14,000 airplanes
- 8,000 tractors
- 13,000 tanks
- 1.5 million blankets
- 15 million pairs of army boots
- 107,000 tons of cotton
- 2.7 million tons of petrol products
- 4.5 million tons of food [80]

If you are inclined to think that support for Ukraine will diminish over time, think again. The USA has been providing military and financial support to its friends and allies since at least the First World

War—well before officially declaring war on the German Empire on April 6, 1917. Money is no object in the USA to the defeat of tyranny and autocracy. For example, America and its allies spent ten times more on the war in Afghanistan than it has spent so far in Ukraine. Remember too that the war Russia lost in Afghanistan was a substantial contributor to the demise of the Soviet Union, while the allied financial loss in the unsuccessful campaign against the Taliban was beer money by comparison. With so much money at its disposal, the West will always be looking for military bracket creep. Today's decision to send US, German and British tanks to defend Ukraine will inevitably lead to tomorrow's decision to send long-range missiles, Reaper drones and allied fighter jets flown by Ukrainian pilots. Begin peace talks, I say, before you are chased out of Moscow by grieving mothers and widows.

On a related matter, I just received Mikhail Khodorkovsky's new book *The Russia Conundrum* as a Christmas present, and it's a splendid read. I was especially enlightened by the analysis of how you turned the Russian state into a joint criminal enterprise consisting of the security service, the government and the Russian mafia. At midnight on New Year's Day in 1999, you appeared on national television as Acting President of the Russian Federation, introduced by Boris Yeltsin. Yeltsin described you as 'a strong person who deserves to become President'. For your part, you assured the Russian people that there would be no power vacuum under your leadership.

The Russian state will stand firm in the defence of freedom of speech, freedom of conscience, freedom of the media, private ownership rights and all the fundamental elements of a civilized society. Russia has opted irrevocably for democracy and reform and we will continue to pursue those goals ... New Year is when dreams come true, and that is certainly the case this year [1999].

A day or two later, you attended a gala reception (Khodorkovsky called it 'the secret policemen's ball') at the Lubyanka headquarters of the Federal Security Service (FSB)—the bastard child of the KGB— where you toasted your former co-workers: *I wish to inform you that the group of FSB colleagues despatched by you to work undercover in the national government has succeeded in the first phase of its mission!'*[81] The book goes on to explain that the FSB looked for accommodation with the criminal world during the emerging democratic years of Gorbachev and Yeltsin, taking on *the role of mediator between gangsters, businessmen and city bureaucrats, often with the assistance of KGB men working in all three camps.* The KGB's and your plan was to maintain the corrupt status quo and thereby resist the advances of open democracy and freedom.

> *In St Petersburg, the arrangement became institutionalised. The mayor, Anatoly Sobchak, instructed Putin, who was then the deputy chairman of the St Petersburg city government, to work with the city's underworld. Putin's role was to co-opt organised crime bosses to ensure that outbreaks of violence and disruption were minimised. In return, everyone got a share of the profits from the rampant extortion rackets, prostitution and drugs.*

Khodorkovsky revealed that the longer you endured as president of the Russian Federation, the more Russia's business and political ranks were populated by your former secret service colleagues. The respected Centre for the Study of Elites based in Moscow released a report in 2006 indicating that 78 per cent of the top political and quasi government appointments in Russia consisted of people with careers involving past service to the KGB or its successor agencies and affiliates.[82] In hindsight, the secret policemen's ball was a very small gene pool to find competent people to run a country the size of Russia.

A word, if I may, about the split between the Russian Orthodox Church and the Ukrainian Orthodox Church, giving rise to the celebration of Christmas in Ukraine on December 25, instead of January 6, the Julian calendar anniversary of Jesus' birth. Nothing turns on the different dates in my book. But I was surprised at the tears of joy in Kyiv when Ukrainians were able, today, to celebrate Christmas released from the burden of Patriarch Kirill's idea that the birth and death of Jesus could, in any moral sense, ingratiate itself to a tyrannical war machine inflicting death and mayhem on the people of Ukraine. Kirill has diminished not just his own credibility with his 'miracle of God' assertions about you and your regime, but he has also damaged the standing of the Russian Orthodox Church.

I look forward to your New Year's Eve address next week, an event likely to revive memories of that first address you gave to the nation on the eve of New Year in 1999. Viewers of Russian TV were expecting that year to see Boris Yeltsin at midnight, but in his place they saw *a small, unfamiliar man in an ill-fitting suit sitting in front of a decorated Christmas tree, trying to look presidential*.[83] I wonder if, in 2023, you intend restating your 1999 list of freedoms to be preserved in Russia; and will you re-affirm to the Russian people the fundamental elements of a civilised society?

It must be said that you have been a big disappointment to those of us who believed what you had to say in 1999. But the facts remain: human rights and freedoms are paramount in a civilized society; every human life reflects the mystery of God; our survival as a species depends on us working together to protect each other and the natural environment; and war is futile and unpredictable, though absolutely necessary in the face of fascist claims on unlimited power and unrestrained self-enrichment at the expense of the people.

You have successfully destroyed the rules-based order of justice and fairness in Russia, corrupting the courts and the electoral system with violence and intimidation, and now you seek to extend the sphere of your miscreant influence to your democratic neighbors whose only provocation was to seek sovereign protection from your armed forces. Russia has land or narrow maritime borders with 16 separate countries and two separatist states, and a proud history of declaring a war of aggression on all of them—perhaps with the exception of Norway. You should therefore not be surprised that during the second winter of our discontent with your bolshie behavior in Ukraine, the free world has decided to draw a line in the snow east of the Donets River in defence of democracy, freedom and the right to live in peace and dignity.

Sincerely
Russia and Ukraine Peace Group

Letter 12
Russia's Spiritual Revival and World Peace?

Russia and Ukraine Peace Group
Mary of the Angelus Community
2 Burringbar Street
Mullumbimby NSW 2482
Australia

January 25, 2023

Mr Vladimir Putin
President of the Russian Federation
Presidential Executive Office
23, Ilyinka Street
103132, Moscow
Russia

Dear Mr Putin

I was disappointed earlier this month—on the first day of the year in fact—when you failed to renew your New Year's resolution of 1999 with a presidential statement that the Russian state will stand firm in the defence of *all the fundamental elements of a civilized society*. Instead, you stood with a group of young Russian soldiers who stared into the abyss while you declared that the fate of Russia depends on victory in Ukraine. To the contrary, the fate of Russia depends on the grace of God, in my humble opinion, and it is not in the nature of God to reward criminal behavior. For non-believers, the fate of Russia may depend on what former US President Franklin Roosevelt and diplomat Jean Monnet (the 'Father of Europe') together described in the early days of World War II as the 'arsenal of democracy'.

On January 6, you commemorated the birth of Jesus, crossing yourself repeatedly in the Kremlin's Cathedral of the Annunciation, a congregation of one with four Russian Orthodox priests performing the ceremonies. It must be said you looked rather isolated and disinterested when you were supposed to be celebrating new life—the birth of Christianity no less. You would have had much more fun watching the fantastic Russian and Belarusian tennis stars playing at their best under a white flag of peace in the lead up to the Australian Open.

In my letter of last June—written on the anniversary of the Medjugorje apparitions—I informed you that Pope Benedict XVI established a commission of inquiry into the reported Marian appearances in Bosnia Herzegovina consistent with his belief that neither humanity nor the world can be saved unless God reappears in a convincing fashion. This belief of the former pope is in the same vein as Mary's recent messages at Medjugorje—humanity is headed for destruction. Benedict left this mortal coil just over three weeks ago on the last day of 2022, none the wiser as to the question of physical proof for God's existence. His inquiry into the Medjugorje phenomena (the Ruini Commission) did report on the likely supernatural nature of the apparitions and the veracity of the messages, but limited its findings to the first seven days of the extraordinary events in June 1981—discounting the 40 plus years of messages and appearances that believers say continue to the present day.

Just two weeks ago, following closely on the death of Benedict XVI, Australia's George Cardinal Pell also took leave of his earthly existence, creating yet another furore in Christianity by posthumously criticizing the pontificate of Pope Francis. George identified from the grave how the next pope should operate: *restore normality, restore doctrinal clarity in faith and morals, restore a proper respect for the law and ensure that the first criterion for the nomination of bishops is acceptance of the apostolic tradition.* Ironically, George would have been the first to call for the sacking of any other bishop who sought to undermine a sitting pontiff in this way.[84] And of course, Christianity in the modern world cannot be saved by returning to the past, any more than Russia can be shielded from democratic enlightenment as it seeks to turn back history's clock and reclaim the land of the 'Holy Rus'.

During his obsequies at St Mary's Cathedral in Sydney, George Pell had his critics. Mostly they stood on the flagstones outside the main entrance to the church chanting *George Pell go to hell*. Inside, participants in the Pontifical Funeral Mass praised God for George's life, and thanked the High Court of Australia for acquitting him of convictions for child sex abuse. One eulogist was the former prime minister, Tony Abbott, who you will recall offered to shirtfront you at the G20 meeting in Brisbane in 2014 after Russian artillery shot down Malaysian Airlines Flight MH17 over Ukraine, killing 298 people including 38 Australians. Only this week, the multi-country team of investigators looking at the downing of Flight MH17 has decided that while there is no evidence that you directly ordered the plane to be shot down, you did specifically approve the Buk missile launcher responsible for the tragedy to be deployed in Ukraine.

Like most of us, you probably think about the possibility of an afterlife as you grow older, and even the question whether unlimited punishment for limited human beings is up there with some of the injustices you have inflicted on the people of Russia and Ukraine. If so, you will be pleased to know that George Pell told philosopher and atheist Richard Dawkins on national television in Australia that although the Catholic Church teaches that there is a place called hell, it does not actually teach that anyone is there.[85] It's worth checking George's idea with Patriarch Kirill if you worry unduly about the prospect of finishing up in hell. Jesus proclaimed that he *will send his angels, and they will gather... all evil-doers, and throw them into the furnace of fire.*[86] That would make me nervous if I were in your shoes.

In today's news from Medjugorje, Mary is still saying that the promises she gave us at Fatima will be fulfilled in her appearances at Medjugorje. Even so, Russia's conversion may not be a fait accompli without the faithful doing our bit: *Pray with me so that what I started in Fatima will come true here [in Medjugorje].*[87] I reckon the notion of 'the faithful' covers believers in the God of Abraham and the prophets; believers in some magnanimous Totally Other Reality; and all people of goodwill. If God exists and was manifest in Jesus Christ, it is a fair bet his earthly mother is willing to intercede for humanity out of the goodness of her heart—as she did at the Annunciation when she agreed to participate in the salvation of humanity according to the Christian story. Since you are a practicing Christian and active member of the Russian Orthodox Church, I like to think you still believe in the God of all creation and the special place of Mary in humanity even though your 'special military operation' against your neighbors in Ukraine can only be described as an abomination of Christian belief and practice.

The problem here, of course, is that our beliefs guide our actions, and your Christian belief must therefore include the conviction that

God wants you to blow up your neighbors. In this sense, you are really no different from the suicide bombers you condemn in Syria and Chechnya, martyrs to a cause you consider both unreasonable and irrational. If you truly believe that the God of all creation is seeking to partner you in a joint criminal enterprise of murder and mayhem in Ukraine, then you are doing nothing more than exposing for all to see your pedigree in the KGB—delusional thinking on a grand scale. Michael Khodorkovsky says you believe Russia is morally superior to the West and has a *divine mission to save the world*.[88] In reality, your mission is more likely to help destroy the world than to save it, which puts you in direct conflict with *the universal God who guides the course of all history* to quote the late Pope Benedict XVI.[89]

Christianity teaches that God became man to save the world and it follows that the world will in fact be saved—assuming Christianity is the answer to the problem of human existence as you and I believe it is (against the evidence of our actions). If Jesus is going to save us, now would be a good time when the world seems to be headed for decimation of the natural environment, and life as we know it appears to be unsustainable. During your Christmas solo performance in the Kremlin's Cathedral of the Annunciation, I was reminded that Mary the 'Theotokos' has been calling the shots in Christianity east and west since before the birth of Jesus, so why not now at the Medjugorje shrine in Bosnia Herzegovina? Christians in my neck of the woods have no problem believing that Mary is a prophet of our times, gifted with the knowledge that her heart will triumph.

I reckon that a change of heart will begin in Russia with the Russian Orthodox Church seeing the light about the futility of war in Ukraine, a transformation that is barely imaginable at the moment without wandering into the realms of magic realism and science fiction. Perhaps I am at risk of indulging in my own form of delusional thinking, but when you think about it, there are plenty of Christian stories (never mind doctrines) that are far more difficult to believe than the idea of a young Jewish woman flitting in and out of Christian history for the past 2,000 years, moving seamlessly between the eastern and western churches. Personally, I find the evidence for Marian apparition appearances in both the Orthodox Church and the Roman Church to be much more convincing than many so-called Gospel truths.

At the marriage feast of Cana, Mary told the caterers who had run out of wine to do whatever Jesus told them—even against his wishes. *Woman, my time has not yet come.*[90] Needless to say, insufficient wine pales to insignificance alongside the problems facing today's world. A few things come to mind: not enough space to accommodate a likely population of ten billion people; the biggest biodiversity crisis for 66 million years; large scale felling of the world's rainforests; pollution of the world's oceans; and global warming caused by burning fossil fuels. Today, Mary tells us that humanity is headed for destruction, and to do what Jesus tells us: to pray and to fast. God will save us since we can no more avert disaster on our own than the caterers at the wedding feast were capable of changing water into wine 2,000 years ago.

Others say that the multiple crises facing humanity will resolve themselves in time—we have nothing to be saved from other than fear of the limitations of our collective imaginations. Innovation will chart new directions for our descendants, putting them on track to find new ways to survive and to prosper. It's a fanciful idea in my book. The evidence is against us saving ourselves, especially since you decided to take on the free world in Ukraine—blowing things up, killing people and ravaging the natural environment. Every day spent fighting your war takes us closer to the day when we can no longer count on human ingenuity to bring us back from the precipice.

Sincerely
Russia and Ukraine Peace Group

Letter 13
One Year After the War Began

Russia and Ukraine Peace Group
Mary of the Angelus Community
2 Burringbar Street
Mullumbimby NSW 2482
Australia

February 25, 2023

Mr Vladimir Putin
President of the Russian Federation
Presidential Executive Office
23, Ilyinka Street
103132, Moscow
Russia

Dear Mr Putin

I regret to say that this is my last letter after a year on your case. The Angelus Community will continue to pray for your intentions—other than your conscious intention to cause harm—bearing in mind that the problem with praying to a distant and silent God is that eventually you have to wonder whether your prayers are falling on deaf ears. My wife's father, the late Wladyslaw Galuszka, fled Warsaw in 1939 when the Germans invaded Poland, then traveled overland to the United Kingdom, where he fought with the Polish Air Force flying out of Exeter. After the war he emigrated to Australia—the farthest place from Europe he could find on a map. 'Wally' as his Australian family called him gave up praying during the bombing of Dresden in February 1945. He was especially disturbed to be part of an allied mission of more than 1,200 heavy bombers that indiscriminately targeted army field hospitals, schools and other civilian infrastructure.

You did something similar in Mariupol, razing an elegant and sophisticated city to ash and rubble in the name of killing Nazis. Who could forget the drama theater packed with hundreds of women and children as your bombers circled overhead before dropping their payloads. In the courtyard outside the building, the word 'children' was marked in large letters on the ground for Russian pilots to read, and still their bombs rained down. Today you're rebuilding the city to accommodate the ghosts of Mariupol's dead, pushing the narrative that the Nazis are gone, and now life can resume under the enlightenment of Russian occupation, which means submitting to your dystopian ideas of Russian history, conquest and suppression of human rights. Meanwhile *The Economist* magazine this week reports that Russian journalist Maria Ponomarenko was sent to a penal colony for six years following convictions for 'fake news'. Her crime? —describing in detail your air-strike on the children of Mariupol.[91]

Like the bombing of Dresden, the razing of Mariupol bears all the hallmarks of an unpunished war crime. You would be right to think that the international community would prosecute if something similar happened in the Balkans. It's easy to lose faith in a loving God in the face of unjust and unequal application of the law—we become overwhelmed by our grief. Just yesterday, however, the United Nations began the long process of responding to your war crimes by voting in favour of a motion demanding you withdraw from Ukraine. Those of us in the West who have voluntarily entered into the suffering of the Ukrainian people struggle with the glacial pace of justice at the United Nations. And we remain troubled by the silence of God. Even as we prayed to Mary and the saints to intervene before God on behalf of the citizens of Mariupol, God remained incognito. Most survivors have now joined the 16 million Ukrainians displaced by your bombs. To thank God for their lives is somehow disrespectful to the dead.

During your longwinded state of the union address in Moscow this week, God received a few mentions in dispatches for the benefit of Patriarch Kirill who sat in the front row of the assembled delegates in his funny hat and golden threads of the good life. Kirill at least stayed awake, while your mate Dimitry Medvedev seated next to the patriarch nodded off. You accused the West of deploying army bases and secret biological laboratories near Russian borders, a punishment, of sorts, for Saddam Hussein's weapons of mass destruction. *Western elites have become a symbol of total, unprincipled lies.* Looking around your stunned-mullet audience, I don't think anyone actually believed you.[92]

A more truthful assessment might have been that the land of the 'Holy Rus' included Finland and the Baltic States, and conquering Ukraine is just the beginning of reinvigorating the old empire. Medvedev was surely talking in his sleep when he said on social media today that Russia may have to push back the borders of hostile states including NATO member Poland to ensure lasting peace with Ukraine.[93] Truth and reality seem to be low priorities in your sphere of influence.

The Kremlin is shameless in its rhetoric, and no one in Putin's circle cares about narrative coherence. This brazenness is matched by domestic ruthlessness. Putin and his colleagues are willing to sacrifice Russian lives, not just Ukrainians. They have no qualms about the methods Russia uses to enforce participation in the war, from murdering deserters with sledgehammers (and then releasing video footage of the killings) to assassinating recalcitrant businessmen who do not support the invasion. Putin is perfectly fine with imprisoning opposition figures while sweeping through prisons and the most impoverished regions of Russia to collect people to use as cannon fodder on the frontlines.[94]

A mystery to me is how the Russian people can cope with this level of barbarism served up as democratic government. According to today's edition of *The Economist*, 20,000 Russians have been arrested for protesting against the 'special military operation', even though just 20 percent of the population tells pollsters they support the Ukraine conflict. *By amplifying pro-war voices and silencing common sense, Mr Putin has achieved an illusion of total support for the war*. Alexei Navalny's chief of staff, Leonid Volkov, says you have persuaded a minority of the people of Russia that they represent the majority.[95]

I would like to spend our remaining time together in the diplomatic pouch talking about the shadow cast over your war in Ukraine by the Marian apparitions at Fatima in 1917 and Medjugorje since 1981. It was the third of six months of apparitions at Fatima when Mary announced that Russia would be converted and a period of peace granted to the world. There were false alarms in 1941 and 1991, when Russia was thought to be converted, but without the promised peace. After you hit your straps in 2001, people dared to dream that the country was on the cusp of freedom—about to take its rightful place in the international community. Now peace is more elusive than ever. A year in the killing fields of Ukraine, and war is still too irrational to believe. Your 'special military operation' is easier to comprehend than war even in the face of 200,000 Russian casualties according to respected British observers who crunch the numbers on these things.

Apart from Russia's conversion (read 'spiritual liberation') and peace in the world, a second prophecy from the Fatima apparitions is worth recalling: the Miracle of the Sun on October 13, 1917. As the popular press of the day reported: *As far as is known, for the first time in recorded history, a prophet or seer was asking all the people to assemble at a certain place and time to witness a public miracle to prove that the message which had been received came from God.*[96] And then, there it was, the sun in all its glory behaving like a spinning firecracker at midday on the appointed day, visible to about 150,000 people on the Cova da Iria and in the villages around Fatima. Since then, Fatima's spinning sun has appeared many times in the village at Medjugorje in Bosnia Herzegovina beginning on August 2, 1981. Asked by the Medjugorje visionaries to explain this and other unusual phenomena of light in and around the village, Mary reportedly replied: *All these signs are designed to strengthen your faith until I leave you the visible and permanent sign.*[97]

Just last month, I mentioned that Mary is said to have repeated the promise that what she began at Fatima in 1917 she will complete at Medjugorje. Many of us believe that this prophecy refers to the hoped for conversion of Russia and the beginning of real peace in the world, as well as the appearance on Podbrdo Hill of the visible and permanent sign that God exists. For the past 40 years, the Medjugorje witnesses have been speaking about the promised sign.

They [the witnesses] explained that the Virgin said the sign would be the greatest of the supernatural phenomena in Medjugorje. They added that they had been shown this sign in the course of the apparitions (by way of an inner vision). It will be left permanently on the hill where the first apparition took place. The sign will be visible to everyone and will be proof that the apparitions are indeed from God. It will be able to be photographed, televised and seen—but not touched. When questioned about it not being able to be touched, the visionaries were not clear if this meant it would be forbidden to touch it, or it would be impossible to touch because of its composition.[98]

This month's message from Medjugorje is about the sackcloth and ashes of Lent, which makes me wonder whether the destruction of humanity should go on the backburner while we continue with our mundane lives, stepping our way through religious observances marked on calendars set to the rhythm of the moon and stars. From a practical perspective, there is not much else we can do—given our limited resources and our limited knowledge of God's ways. Pope Benedict XVI said that during the season of Lent, we can renew our commitment to the path of conversion, making room for God in our lives. Lent is a time of prayer, the late pope said, of fasting, of retreat, of reflection on our sins and how we might seek forgiveness.[99] Each of us is urged to change direction if we are to avoid catastrophe.

We could meet in Medjugorje and further discuss the state of the world if you are interested. I would be delighted to show you around — so you get a feel for the place—and you can decide for yourself whether anything of interest is going on. You could be in Sarajevo in a couple of hours from Moscow in your private jet. If you are worried about your safety, I could come to Moscow on a few days' notice with news from Medjugorje. I intend turning these letters into a book in both Russian and English, so I could bring you a signed copy. Forward a missive in reply if you feel inclined—but no missiles thanks—and let me know whether it's OK to print any reply you send as an addendum.

Until we meet in person, stay well and keep out of further trouble. Please thank the Russian Embassy in Canberra for receiving my letters while Russia Postal Service has been out in the cold. Keep exploring the peace option—it may be the only one you have. Far better to grow old peacefully in a nice dacha by the Black Sea (probably not Crimea) than to die ungraciously in one of those rat holes of your youth.

Sincerely
Russia and Ukraine Peace Group

Medjugorje Messages

February 25, 2022

Dear children! I am with you as we pray together. Help me with your prayer that Satan may not prevail. His power of death, hatred and fear has visited the Earth. Therefore, dear children, return to God and prayer, fasting and renunciation, for all those who are downtrodden, who are poor, and have no voice in this world without God. Dear children, if you do not return to God and his commandments, you have no future. That is why he sent me to guide you. Thank you for answering my call.

March 25, 2022

Dear children! I hear your cry and prayers for peace. Satan has been waging war for years. That is why God sent me among you to guide you on the path of holiness, because humanity is at a crossroads. I invite you to return to God and to God's commandments, so that you may be well on Earth and get out of this crisis you have entered because you do not listen to God, who loves you and wants to save you, and lead you to a new life. Thank you for answering my call.

April 25, 2022

Dear children! I look at you and see that you are lost. That is why I invite you all: return to God, return to prayer and the Holy Spirit will fill you with his love that gives joy to the heart. Hope will grow in you for a better future, and you will become joyful witnesses of God's mercy in you and around you. Thank you for answering my call.

May 25, 2022

Dear children! I look at you and I thank God for each of you, because He allows me to be with you still, to encourage you to holiness. The peace is broken and Satan wants unrest. Therefore, let your prayer be even stronger so that every unclean spirit of division and war is silenced. Be builders of peace and bearers of the joy of the Risen One in you and around you so that good will prevail in every person. Thank you for answering my call.

June 25, 2022

Dear children! I rejoice with you and thank you for every sacrifice and prayer you have shown for my intentions. Do not forget that you are important in my plan to save humanity. Return to God and prayer for the Holy Spirit to work in you and through you. I am with you even in these days when Satan fights for war and hatred. The division is strong and evil works in man like never before. Thank you for answering my call.

July 25, 2022
Dear children! I am with you to guide you on the path of conversion because with your lives you can bring many souls closer to my Son. Be joyful witnesses of God's word and love, and with hope in your heart that overcomes all evil. Forgive those who harm you, and follow the path of holiness. I lead you to my Son so he will be your way, your truth and your life. Thank you for answering my call.

August 25, 2022
Dear children! May God allow me to be with you and to lead you on the path of peace, so that through personal peace you may build peace in the world. I am with you and I am interceding for you before my Son, Jesus, to give you strong faith and hope for a better future—one I want to build with you. Be brave and do not be afraid because God is with you always. Thank you for answering my call.

September 25, 2022
Dear children! Pray that the Holy Spirit will enlighten you to be joyful seekers of God and witnesses of boundless love. I am with you, and I call on you again, to be encouraged and to witness the good works that God is doing in you and through you. Be joyful in God. Do good to your neighbor so that it will be good for you on Earth, and pray for peace, which is threatened because Satan wants war and unrest. Thank you for answering my call.

October 25, 2022
Dear children! May the Most High allow me to be with you and to be your joy and way of hope because humanity has decided to die. That is why he sent me to teach you that without God you have no future. Be instruments of love for all those who have not met the God of love. Testify joyfully of your faith and do not lose hope in the change of the human heart. I am with you and I bless you with my motherly blessing. Thank you for answering my call.

November 25, 2022
Dear children! The Most High sent me to you to teach you how to pray. Prayer opens hearts and gives hope, and faith is born and strengthened. I invite you with love to return to God because God is your love and hope. You have no future if you do not decide for God, and that is why I am with you, to guide you to decide for conversion and life, and not for death. Thank you for answering my call.

December 25, 2022
Dear children! Today I bring you my son, Jesus, that you may be his peace and a reflection of the cheerfulness and joy of heaven. Pray to be open to receive peace, for many hearts are closed to the heart-changing call of light. I am with you and I pray for you to open yourself to the peace that fills your hearts with warmth and blessing. Thank you for answering my call.

January 25, 2023
Dear children! Pray with me for peace because Satan wants war and hatred in hearts and nations. So pray and sacrifice your days with fasting and penance so that God may give you peace. The future is at a crossroads—modern man does not want God. That is why humanity is heading towards destruction. You, little children, are my hope. Pray with me so that what I started in Fatima will come true here [in Medjugorje]. Pray and witness peace in your surroundings and be people of peace. Thank you for answering my call.

February 25, 2023
Dear children! Turn and put on the clothes of repentance and personal deep prayer and humbly ask the Most High for peace. At this blessed time, Satan wants to tempt you; but you, little children, keep looking at My Son, and follow him to Calvary in renunciation and fasting. I am with you because the Almighty allows me to love you and lead you to the joy of the heart, growing in the faith that loves God above all. Thank you for answering my call.

March 25, 2023
Dear Children! May this time be a time of prayer for you.

'Dear Mr Putin' translated from English to Russian

«Уважаемый господин Путин» в переводе с английского на русский

Примечание автора

Эта книга является серией писем президенту России Владимиру Путину, написанных в отчаянии, вызванном загадочным и неспровоцированным нападением на народ Украины в 2022 году. Письма были написаны на английском языке, переведены на русский и отправлены через местное почтовое отделение в Австралии. Когда почта Австралии и международные курьерские службы прекратили доставку почты в Россию, отправка писем стала производиться через посольство России в Канберре. Я не получил ответа на свои письма и понятия не имею, читал ли г-н Путин хоть слово из того, что мне нужно было ему сказать. В написании этих писем было что-то катартическое, а также это позволило мне глубже изучить явления Мариане, которые, по ее словам, происходили во время войны в Меджугорье в Боснии и Герцеговине.

Цель переписки с г-ном Путиным заключалась в том, чтобы попытаться выяснить, как президент России может утверждать, что является практикующим христианином, и при этом убивать и калечить ближних, которых он должен любить и которые преимущественно являются христианами. Меня также очаровала общая история христианства в России и Украине, начинающаяся с крещения Владимира Великого (или Володымыра Вэлыкого в Киеве) примерно в 988 году н. э., с которой связано множество взаимных претензий, от святых и статуй до конкурирующих соборов в честь заступничества Марии «Богородицы» или «Богоносицы».

Я решил написать книгу *Уважаемый господин Путин*, когда моя любимая местная музыкальная группа *Dustyesky* была вынуждена отказаться от выступлений из-за нападения России на Украину. Буквально в прошлом году эта группа (хор а капелла) с большим успехом выступала для русской диаспоры в Сиднейском оперном театре — все подпевали *Патриотическую песню* и другие великие русские баллады. Как и все русское на Западе, группа прекратила свою деятельность до особого уведомления, зимняя спячка из-за земли, подарившей нам Достоевского и Чайковского, Толстого и Чехова.

Письмо 1
День после начала войны

Группа мира России и Украины
Мария за сообщества Ангелус
2 Burringbar Street
Mullumbimby NSW 2482
Австралия

25 февраля 2022 г.

г-н Владимир Путин
Президент Российской Федерации
Администрация Президента
ул. Ильинка, 23
103132, г. Москва
Россия

Уважаемый господин Путин

Я пишу от имени группы мира России и Украины, инициативы общественной благотворительной организации в Австралии, Мэри из сообщества Ангелус.

Вы уверены в правильности войны и размахивании крестом против женщины, обещавшей обращение России и мир во всем мире — той самой женщины, которая привела Иисуса в мир и стояла у подножия его креста на Голгофе? У Марии, матери Иисуса, есть история, или, если вам знакома терминология скачек, «форма». Еще в первом веке христианства, примерно в то время, когда апостол Андрей (брат апостола Петра) проповедовал благую весть на Руси, апостол Иаков принес послание Иисуса в Испанию. Вначале путь оказался очень тяжелым для Иакова, и он сидел на берегу реки Эбро и размышлял о своей миссии. Предание гласит, что Иаков решил отказаться от миссии — испанцев не очень заинтересовала идея, что им нужен спаситель, тем более спаситель, умерший на кресте в Иерусалиме. В 40 году нашей эры Иаков внезапно увидел, как ему в видении явилась Мать Иисуса, чтобы заверить апостола, что однажды благодаря его миссии Испания станет краеугольным камнем христианства в Европе.

Мария почитается в православной церкви не меньше, чем на Западе. Говорят, что Распутину были видения Марии. Из трех важнейших соборов Кремля два посвящены Пресвятой Богородице: Благовещенский собор и Успенский собор. Самый знаковый собор Москвы — Василия Блаженного, официально известный как собор Покрова Божией Матери (то же название, что и у главного собора Украины в Киеве).

Русские иконы Марии известны во всем мире. Одна из моих любимых — икона «Умягчение злых сердец» в Московском Воскресенском соборе (храм Вооруженных сил России). Если помните, Мариуполь (Город Марии) был основан депортированными из Крыма греками, верными иконе покровительницы Марии. Россия предана Марии, и пока вы вчера не напали на Украину, мне и в голову не приходило, что существует большая разница между восточным и западным христианством. Я думал, что у обоих одна и та же суть: возлюби Бога и возлюби ближнего своего, чтобы испытать мир и радость в этой жизни и в будущей; практиковать преданность Марии и святым, чтобы занять место в первом ряду в истории христианства.

Говорят, что Мария явилась трем маленьким детям в видении в городе Фатима в Португалии в 1917 году — между двумя революционными войнами России того года — и в разгар Первой мировой войны. По словам детей, Мария просила об определенных обрядах, включая посвящение России ее непорочному сердцу. *Если мои просьбы будут услышаны, Россия обратится, и будет мир.*[100] Первоначально считалось, что эти пророческие слова об обращении России исполнились, когда Иосиф Сталин в 1941 году принял практичное решение восстановить былую славу русской церкви. Сталин хотел поддержать русский патриотизм народной верой — и задобрить своих новых блестящих союзников по Второй мировой войне, разделявших христианское наследие России.

Как известно, Россия была вынуждена перейти на другую сторону во Второй мировой войне после того, как первоначально в

1939 году приняла катастрофическое решение присоединиться к нападению Гитлера на Польшу. Зная историю, вы могли бы подумать, что очередное ничем не спровоцированное нападение на другого соседа, Украину, было еще одной плохой идеей — хотя бы потому, что история имеет обыкновение повторяться. По мнению некоторых историков, причина, по которой Сталин вернул церкви свое расположение в 1941 году, заключалась в желании призвать армию священников, чтобы те молились за победу, когда немецкий вермахт был уже на подступах к Москве. На мой взгляд, эта идея ошибочна. Сталин без угрызений совести убил миллион русских и больше беспокоился о том, сколько дивизий у папы римского, чем о мобилизации армии молельщиков.

Почти 50 лет спустя, в Рождество 1991 года, когда над Кремлем в последний раз спустили флаг с серпом и молотом, переход России от атеистического коммунизма к многопартийной представительной демократии, казалось, исполнил пророчество Марии 1917 года. По крайней мере два папы считали, что мирный переход от бывшего коммунистического монолита Советского Союза к множеству отдельных наций был предсказанным в Фатиме обращением России.[101] Падение Берлинской стены в 1989 году и подъем свободы и демократии при Михаиле Горбачеве, казалось, были надписью на стене, предвещающей конец Советского Союза.

Как и вторжение России в Польшу в 1939 году, вчерашнее нападение на Украину — под смехотворным предлогом удаления НАТО и нацистов от границ России — не имеет никакого смысла. Назвать тотальное военное наступление на Украину ошибкой было бы преуменьшением. Я просто не могу понять, что вы предпочитаете бесполезную войну, несущую смерть и разрушение, жизни в мире и согласии со своими соседями. Библия говорит «поступайте с другими так, как вы хотели бы, чтобы они поступали с вами», и так же нужно поступать с окружающей средой, это необходимо для защиты жизни на земле для наших детей и внуков. Позволю себе заметить, что при всем вашем богатстве и власти вы, кажется, странно оторваны от важных вещей в жизни, не последним из которых является христианский императив любить друг друга.

Сообщается, что в течение последних 40 лет Мария снова являлась в видении шести маленьким детям в Меджугорье в Боснии и Герцеговине, подтверждая пророчества в Фатиме и, по-видимому, рассказывая детям (которым сейчас от 40 до 50 лет), что явления в Фатиме и Меджугорье связаны с торжеством ее сердца. Шесть свидетелей сообщают, что Мария сказала: *«То, что я начала в Фатиме, я закончу в Меджугорье. Мое сердце восторжествует»*.[102] Если принять это утверждение как правдивое, оно предполагает, что Богородица по-прежнему привержена обращению России и миру во всем мире.

Вы можете быть удивлены, узнав, что Мария продолжает каждый день являться провидцам в Меджугорье, и она передает миру особое послание 25-го числа каждого месяца. Сегодняшнее сообщение может дать вам повод задуматься: *«Помогите мне молитвой, деточки, чтобы Сатана не победил. Его сила смерти, ненависти и страха посетила землю»*.[103] Христиане в целом недовольны тем, что вы размахиваете крестом Иисуса, в то время как делаете все, что в ваших силах, чтобы истребить народ Украины, разрушая их города как какой-нибудь средневековый военачальник-крестоносец, преследующий соседей за ересь и поклонение дьяволу. Ожидайте, что христиане массово выстроятся молиться в поддержку украинского народа, поскольку поговаривают, что русский народ был обманут.

Между тем в светском мире объяснение произошедшего кознями Сатаны не снимет с вас ответственности за плохое поведение — особенно очень плохое поведение, такое как убийство и увечье ваших соседей и разрушение их домов. Если вы сделаете в Украине то, что делали в Чечне и Сирии, вы сможете добиться того, чего не смог ни один другой диктатор со времен советского вторжения в Афганистан в 1979 году — объединить мир для защиты верховенства закона и свободы. Десятилетняя кампания России в Афганистане в конечном итоге способствовала распаду Советского Союза в. Более того, она была мотивирована той же паранойей и неуверенностью в связи с уменьшением влияния России в мире, которые, кажется, беспокоят вас.

Я вижу, вы испытываете новую ракету «Сармат» (одноименно названную «Сатана-2»), которая достаточно велика, чтобы нести несколько боеголовок, направленных на отдельные цели, подобно кассетной ядерной бомбе, способной стереть с лица земли всю Украину одним ударом. Атака такого масштаба, скорее всего, оставит вас в истории человечества как своего рода перегретого Икара последних дней, попытавшегося обрушить на все человечество чернобыльскую модель существования. Для жертв такого нападения не имело бы ни малейшего значения, погибли ли они от ядерного испепеления или от единственного выстрела из пистолета. Но для выживших — имея в виду, что нет никаких причин, чтобы радиоактивные осадки или возмездие со стороны других ядерных держав остановились на границе с Россией — жизнь на земле была бы адом.

И хотя со стороны Сталина и Гитлера могло быть нормально проявлять полное пренебрежение к человеческой жизни, вы — практикующий христианин, который с гордостью носит нательный крестик на серебряной цепочке на шее. Судя по всему, вы даже освящали этот крестик на могиле Иисуса в Иерусалиме в то время, когда русские пользовались правами и свободами, в том числе и свободой передвижения. Подводя итог, вам стоит забыть о запуске этой ракеты «Сатана-2», чтобы не навлекать на себя гнев Бога, осуждение мирового сообщества и шанс опередить Сталина и Гитлера в соревновании за звание самого дьявольского лидера.

В отличие от Сталина и Гитлера, которые оба были крещены при рождении и стали явными атеистами ко времени их кровавых буйств XX века, вы продолжаете открыто исповедовать христианскую веру: это проявляется в вашем освященном крестике, в публичных духовных практиках, в регулярном посещении храма в особые праздники, в дружбе с патриархом Кириллом и в явном уважении, которое вы проявляете к другим христианским церквям. Но мне интересно, не прожжет ли этот крестик дыру в вашей груди — как дыру в вашем кармане, сделанную богатством, которое вы накопили за счет русского народа. Я где-то читал, что террор, пытки и убийства были отличительными чертами российских военных действий с тех пор, как вы пришли к власти, и что мир может ожидать того же в

Украине. И кстати, меня бесконечно беспокоит, что человек, который гордо носит крестик на шее, также возглавляет российскую военную машину, это кощунство, по-моему, предполагает, что ваш крестик не более чем украшение.

Позвольте мне оставить вас с мыслью, что больше всего мы осуждаем в другом человеке сознательное намерение причинить вред, и когда этот вред облекается в религиозные одежды, разумные люди возмущаются.[104] Священная война глубоко оскорбительна, проявляется ли она как самоубийственное убийство во имя Бога или совершение геноцида ради чистоты веры. В своем следующем письме я планирую выяснить, каковы могут быть ваши религиозные мотивы для нападения на Украину.

Искренне
Группа мира России и Украины

Письмо 2

Посвящение Папой Франциском России и Украины

Группа мира России и Украины
Мария за сообщества Ангелус
2 Burringbar Street
Mullumbimby NSW 2482
Австралия

25 марта 2022 г.

г-н Владимир Путин
Президент Российской Федерации
Администрация Президента
ул. Ильинка, 23
103132, г. Москва
Россия

Уважаемый господин Путин

В своем предыдущем письме я упомянул, что Мария, мать Иисуса, являлась в видениях в Меджугорье в Боснии-Герцеговине в течение 40 лет с регулярными посланиями миру. В соответствии с недавними сообщениями, Мария сегодня повторила, что Сатана подталкивает мир к войне. Недавний опрос показал, что 56% американцев верят, что Сатана не просто символ зла, а существует в реальности. Опрошенные сказали, что Сатана влияет на человеческие жизни. Авторы опроса пришли к выводу, что американцы больше уверены в реальности Сатаны, чем в существовании Бога.[105]

Если Сатана существует — и в течение многих лет ведет мир к войне— тогда возникает вопрос, не подпали ли вы под бесовское влияние. Должен сказать, что этот вопрос выходит за рамки моей компетенции, даже если он объясняет ваше отвратительное поведение при нападении на Украину. Подобно ирландскому писателю К. С. Льюису, я склонен обходить вопросы о демонах, которые уменьшают личную ответственность за зло. Льюис сказал, что верит в существование ангелов и дьяволов, но только в том смысле, что это было одним из его мнений. *Моя религия не была бы разрушена, если бы это мнение оказалось ложным.*[106]

В других посланиях провидцам в Меджугорье Мария сказала, что Сатана хочет уничтожить человечество, что, на мой взгляд, делает представления о дьяволе и зле большим, чем просто мнением. Удивительно здравое мнение по вопросу о существовании Сатаны можно найти в Катехизисе Католической Церкви, который заключает, что великая тайна веры состоит в том, что провидение должно продолжать допускать дьявольскую деятельность.[107] Папа Франциск утверждает, что *только Бог может заглянуть в лицо злу и победить его*,[108] что скорее подтверждает, что Сатана не является чем-то, что легко понять простым смертным вроде меня и вас.

Более практический вопрос заключается в том, выполняет ли сегодняшнее посвящение России и Украины просьбу Марии во время пророчеств 1917 года в городе Фатима, ставя вас на линию огня в деле обращения и мира во всем мире. Трудно представить, чтобы вы отказались от Крыма или земель на востоке Украины, которые, по вашему мнению, принадлежат России, но мой совет — просить мира, если вы хотя бы на мгновение поверите, что Мария реальна и имеет влияние на Творца всего сущего. Вы будете в курсе, что икона Умягчения злых сердец в храме Вооруженных сил России заплакала в Прощеное воскресенье этого месяца — менее чем через две недели после того, как вы вторглись в Украину — значит, с Марией что-то происходит.[109] Если верить веб-сайту Orthodoxwiki, эта икона представляет собой адаптацию римско-католических образов в почитании Скорбящей Богоматери. Поговорите с патриархом Московским Кириллом, который переводил Ранера и фон Бальтазара и знает об этих вещах.

Для справки: Восточная и Римская церкви когда-то вместе составляли единую святую и апостольскую церковь, восходящую к первому веку христианства. Обе ведут свое происхождение от апостолов Андрея и Петра.Даже сегодня Андрей является покровителем России и Украины, а Петр – покровителем Рима. Во время Великого раскола 1054 года восточная и западная церкви отлучили друг друга из-за богословских и культурных различий.

Только в 1964 году, когда Патриарх Афинагор и Папа Павел VI встретились в Иерусалиме, это взаимное отлучение от церкви было снято. Один из вопросов, в котором восточная и западная церкви всегда соглашались, это роль Марии в спасении и ее сила ходатайства перед Богом. Я хотел подчеркнуть, что многие православные христиане знакомы с пророчеством Марии в городе Фатима в 1917 году, говорящем об обращении России и мире во всем мире.

Возвращаясь к настоящему, всего неделю назад я получил пресс-релиз, призывающий епископов мира, верующих и всех людей доброй воли присоединиться к посвящению России и Украины Непорочному Сердцу Марии. И вот сегодня, в праздник Благовещения Богородицы — в тот же день, когда Папа Иоанн Павел II совершил аналогичное посвящение России 25 марта 1984 года, молитва — это снова ответ папы на опасность новой всепоглощающей войны в Европе. *Действуя как Вселенский Пастырь Церкви, Папа Франциск возобновит посвящение, к которому было призвано в Фатиме более 100 лет назад, [в котором мы] возносим наши сердца, наши мысли и наши голоса к Богу, чтобы положить конец этому ужасающему насилию и разрушению.*[110]

Папа Франциск считает, что вы начали Третью мировую войну, говоря, что человечество в большой беде, хотя он не желает идти на конфронтацию и полностью возлагать вину за войну на вас. Он встретился с Патриархом Кириллом онлайн 16 марта в течение 40 минут, и Кирилл зачитал Папе заявление о поддержке войны. Франциск был ошеломлен речью, оправдывающей войну, и недвусмысленно высказал Кириллу то, что он думает: *«Брат, мы не клирики на службе государства, мы пастыри народа»*.[111] Неделей ранее Кирилл никого не удивил, когда поддержал нападение на Украину, обвинив Запад в подрыве семьи и пропаганде гей-парадов.[112] Война Путина, по словам Кирилла, — это борьба, имеющая метафизическое значение. То, как христиане любой конфессии могут оправдывать неизбирательные бомбардировки женщин и детей, является метафизической загадкой для большинства из нас.

Никто не понимает, что стало с «возлюби ближнего своего» в русском христианстве. Патриарх Кирилл называет вас «чудом Божьим», что напоминает мне премьер-министра Австралии Скотта Моррисона, который приписывает свое избрание в 2019 году одному из Божьих чудес. Лично я считаю, что нам следует быть осторожными, возлагая на Бога вину за политиков, которых мы избираем. Я помню, как вы получили высший политический пост в России по рекомендации Бориса Ельцина, а затем одной из ваших первых гражданских обязанностей на посту президента было пресечение расследования коррупции в делах Ельцина. Как по мне, это не было божьим делом. Патриарх Кирилл, похоже, в восторге от вашей религиозности, молится с вами по телевизору и смотрит, как вы креститесь на публике, целуете иконы и зажигаете свечи.[113]

Даже если вы и патриарх Кирилл действительно верите, что Бог поручил вам спасти мир от упадка и разложения, и искренне считаете НАТО экзистенциальной угрозой, по-моему, российский союз церкви и государства движется в направлении, противоположном развитию человеческой истории. Большинство людей сегодня верят в мир, свободу и основные права человека, даже если эти ценности не всегда находят отражение в наших правительствах. Вообще говоря, мы заявляем о всенародной поддержке наших убеждений — пришли ли мы к этим убеждениям через религию или светский мир, или обоими этими путями. Многие из нас готовы биться насмерть за свои убеждения, плечом к плечу с народом Украины. *И хотя мы, возможно, не привыкли к тому, что вопросы веры перестают быть академическими, становясь вопросами жизни и смерти, эти дни могут наступить.*[114]

Было бы ошибкой думать, что только потому, что люди на Западе терпимо относятся к тем, кто хочет быть другим, кто хочет самовыражаться и даже вести себя эксцентрично и своеобразно, — у Запада нет морального стержня, нет способности встать в строй, когда есть угроза всему нашему человечеству. Люди в моей австралийской глубинке уважают меньшинства, в том числе тех, кто выражает мнение меньшинства, хотя бы потому, что мы все так или иначе являемся меньшинствами. В моем случае меня часто осуждают за мои религиозные убеждения, хотя я бы немедленно отказался от них, если бы получил убедительные доказательства того, что у меня неверная информация. Но допущение, что я могу ошибаться, не делает меня уязвимым для мифа, распространяемого вами и архиепископом Кириллом, что Россия является оплотом традиционного христианства, *решительно борющимся с декадентскими либеральными западными ценностями.*[115]

Вы могли бы попросить Патриарха Кирилла пригласить Папу Франциска в Москву для обсуждения ситуации с войной — или военного вмешательства, если угодно. Святой Отец — простой и благочестивый человек, не питающий иллюзий относительно преходящих соблазнов этого мира. Ему не особенно интересно, сколько пустых дворцов и пустых домов вы можете занимать одновременно, или неподобающее собрание мирских благ и движимого имущества Кириллом. Папу будут больше заботить духовные и социальные нужды народов России и Украины, поскольку их жизни медленно рушатся в холодной тени вашего героя, Сталина, который убил миллион своих людей без какой-либо причины, кроме радости преступного убийцы увидеть человеческие страдания и смерть во плоти. Еще долго после того, как вы встретите свой предсказуемый конец, папа и его преемники все еще будут взывать к Богу, чтобы спасти нас, поэтому, имея в виду спасение, я призываю вас принять во внимание слова папы о сегодняшнем посвящении России и Украины сердцу Марии.

В этот час утомленное и безутешное человечество стоит с тобой под крестом, нуждаясь в том, чтобы вверить себя тебе и через тебя посвятить себя Христу. Народы Украины и России, почитающие тебя с большой любовью, теперь обращаются к тебе, даже когда твое сердце бьется от сострадания к ним и ко всем народам, истребляемым войной, голодом, несправедливостью и нищетой.

Поэтому, Матерь Божия и Матерь наша, твоему Непорочному Сердцу мы торжественно вверяем и посвящаем себя, Церковь и все человечество, особенно Россию и Украину. Прими этот поступок, который мы совершаем с уверенностью и любовью. Пусть война закончится и мир воцарится во всем мире…Мы верим, что через твое сердце снова воцарится мир. Тебе мы посвящаем будущее всей человеческой семьи, нужды и чаяния каждого народа, тревоги и надежды мира.

По твоему заступничеству да изольется на землю милость Божия и наши дни вновь потекут в спокойном ритме мирной жизни. Богородица Благовещения, на которую сошел Святой Дух, восстанови в нас гармонию, которая исходит от Бога. Да напоишь ты, наш живой источник надежды, сухость наших сердец. В вас воплотился Иисус; *помоги нам способствовать развитию сообщества. Ты когда-то ходила по улицам нашего мира; так веди нас ныне путями мира.*[116]

Если вдруг вы задаетесь вопросом, от чего Бог может спасти нас, ответом будет — «от нас самих». Смерть и разрушения, причиняемые человечеством планете Земля, отнюдь не ограничиваются территорией Украины. Подумайте об утрате биоразнообразия в море и на суше, когда мы переживаем шестое массовое вымирание в истории — последнее произошло около 66 миллионов лет назад — из-за чрезмерной эксплуатации экосистем Земли. Невероятно, но до 140 000 видов растений и животных исчезают каждый год, а мы до сих пор предаемся ненасытному чрезмерному потреблению.

При всем ущербе, который вы наносите природной среде Украины, по-видимому, ваш вклад намного меньше вреда, наносимого пластиковыми отходами в мировом океане и вырубкой мировых тропических лесов. Я дам вам знать, когда у меня будет статистика, а пока нет места для самоуспокоенности. Если у вас появится возможность подумать о своей роли в спасении нас от самих себя, участвуя в разумных дискуссиях о прекращении военной операции и войне против Украины, пожалуйста, включите предложенный папой акт посвящения Марии в свои молитвы и размышления.

Искренне
Группа мира России и Украины

Письмо 3
Военная операция на грани безумия

Группа мира России и Украины
Мария за сообщества Ангелус
2 Burringbar Street
Mullumbimby NSW 2482
Австралия

25 апреля 2022 г.

г-н Владимир Путин
Президент Российской Федерации
Администрация Президента
ул. Ильинка, 23
103132, г. Москва
Россия

Уважаемый господин Путин

Простите меня за эти слова, но после двух месяцев боев вы ничего не сделали, чтобы восстановить доверие к себе в Муллумграде. Мы все еще в шоке после того, как увидели, как вы упрекаете и публично унижаете своих коллег по Совету безопасности по национальному телевидению, когда вы в форме пантомимы пытались заручиться их поддержкой для этой войны — всего за три дня до нападения на народ Украины. То, как вы обращались со своим главой Службы внешней разведки Сергеем Нарышкиным, по-моему, особенно продемонстрировало властный и деспотический способ вашего правления Россией. Я никогда не видел в реальной жизни такой публичной демонстрации издевательств и запугивания на самом высоком уровне какого-либо цивилизованного правительства; это наводит на мысль, что один вы развлекаетесь, устроив себе сафари в Украине, в то время как окружающие живут в страхе навлечь на себя ваш гнев.

Всего через три недели после начала войны вы снова и снова исходили пеной по национальному телевидению, потому что кампания по взятию Киева не удалась. Не знаю, чего вы ожидали, но народ Украины и не собирался отдавать свою столицу без боя насмерть. Либо ваши войска были слишком неравномерно рассредоточены, чтобы прорвать оборону Украины, либо, возможно, вы дважды подумали, прежде чем сравнять с землей город, который представляет собой исторические корни культуры и религии современной России. Каким бы ни было объяснение, слава Богу, вы решили отступить. Вы, безусловно, были взволнованы, когда обратились к русскому народу по телевидению. Некоторые обозреватели на Западе сравнивали вас с Иосифом Сталиным, который обожал прибегать к дезинформации, расчеловечиванию противника и репрессиям против русского народа, когда его ожидания не оправдывались. Вот пример того, что вы говорили, на случай если вы забыли.

Во многих западных странах людей только за то, что они родом из России, подвергают настоящей травле сегодня: отказывают в медицинской помощи, изгоняют детей из школ, лишают работы их родителей, запрещают русскую музыку, культуру, литературу. Пытаясь «отменить» Россию, Запад сорвал с себя все маски приличия, стал действовать по-хамски, продемонстрировал свою истинную натуру. Просто напрашиваются прямые аналогии с антисемитскими погромами, которые устраивали нацисты в Германии 30-х годов прошлого века. Мы понимаем, каким ресурсом обладает эта империя лжи, но против правды и справедливости она все равно бессильна. Россия будет последовательно доводить свою позицию до всего мира. Конечно, Запад попытается опереться на свою так называемую пятую колонну, на русских национал-предателей, на тех, кто у нас здесь зарабатывает, а там живет. Коллективный Запад пытается расколоть наше общество, спекулируя на военных потерях и на социально-экономических последствиях санкций, чтобы спровоцировать гражданское противостояние в России. Он использует свою пятую колонну, стремясь достичь своей цели. И эта цель — уничтожение России, как я уже много раз говорил. Но любой народ, а тем более российский народ, всегда сможет отличить истинных патриотов от подонков и предателей и

102

просто выплюнет их, как случайно залетевшую в рот мошку. Убежден, такое естественное и необходимое самоочищение общества только укрепит нашу страну, нашу солидарность, сплоченность и готовность ответить на любые вызовы.[117]

Журнал *The Economist* справедливо называет этот язык *смущающе знакомой фашистской риторикой*.[118] Это также в корне не соответствует действительности. Здесь, в городе Муллумграде, мы рады принять как русских, так и украинских беженцев с вашей войны, к ним и их семьям относятся как к собственным братьям и сестрам — с великим сочувствием к страданиям и лишениям, которые вы им причинили. Что касается запрета русской музыки и литературы, прошу, не смешите! Утешение великих русских музыкальных и литературных деятелей важнее, чем когда-либо, когда все человечество вопиет от боли и печали из-за войны в Европе. И хотя это правда, что бесшабашные гармонии ансамбля *Dustyesky* замолчали, мне кажется, что русские баллады и песни, выражающие радость и смех, совершенно неуместны, когда тысячи русских и украинских семей хоронят своих умерших, для гибели которых не было никакой причины, кроме поистине безумной идеи о том, что часы должны повернуться вспять ко времени, когда Россия имела лучший доступ к Черному и Азовскому морям, а Русская православная церковь имела власть над Украинской православной церковью.

Еще одна вещь, против которой я серьезно возражаю в ваших разглагольствованиях, — это оскорбление еврейского народа, когда вы сравнили обращение с русской диаспорой на Западе с «антисемитскими погромами» нацистов времен Второй мировой войны. Как вы знаете, украинские евреи пострадали от ужасных военных преступлений в Бабьем Яру в Киеве и при резне в Одессе, эти преступления до сих пор считаются одними из самых страшных в истории человечества. Чего вы не знаете, видимо, так это то, что никто на Западе не обвиняет русский народ в развязывании войны против народа Украины — не больше, чем мы обвиняем народ империалистической Японии или фашистской Германии в зверствах Второй мировой войны. Когда в стране действительно плохие лидеры, страдают все. И пока я не забыл, разговоры о «коллективном Западе», имеющем пятую колонну в России, и о вашем деспотическом режиме, выступающем за «правду и справедливость», — это просто лицемерие и политическая дезинформация, достойная второсортного провинциального ВУЗа.

И хотел бы заодно сказать, что ответ на вопрос Сталина (сколько дивизий у папы?) состоит в том, что у папы есть миллиардная молитвенная армия и такое же количество интернет-пользователей, работающих над тем, чтобы освободить народ России от иллюзий относительно своего лидера. Я знаю, что цитировать себя дурной тон, но в моей книге *Блудный пилигрим* я привел пример общения в социальных сетях с россиянкой, которая утверждала, что война с Украиной — это не война (даже не пропагандистская), а НАТО, нацисты и неонационалисты — это некая экзистенциальная угроза России, требующая уничтожения.

Светлана Хатуева: *Россия — православная страна. Церкви полны. Мы все молимся о мире, и нам больно. Это не война между Россией и Украиной. Это операция, направленная против военных баз НАТО на территории Украины, подошедшего слишком близко к границам России. Путин снова и снова просил о переговорах в 2021 году, но западные политики отмахивались от него. Единственная проблема Украины в том, что НАТО выбрало ее территорию как ближайшую к России. И теперь война идет на ее территории. В 2014 году Запад начал поддерживать и финансировать украинские неонационалистические силы, которые с тех пор бомбят Донбасс, потому что Донбасс исторически лоялен России — люди там говорят по-русски. Миру было все равно. Люди на Донбассе умирают уже восемь лет. План России заключается в демилитаризации Украины и уничтожении объектов НАТО, представляющих ядерную угрозу для России, а также спасении народа Донбасса.*

Мой ответ в группе «Блудный пилигрим»: *Вы серьезно заблуждаетесь, Света. Военных баз НАТО нет ни на Донбассе, ни в любой другой части Украины. Украина не* *может претендовать на членство в НАТО. Вы распространяете путинскую ложь о том, что он проводит военную операцию, хотя на самом деле он вторгается в суверенное государство и начинает войну в нарушение международного права. Если в России вы назовете так называемую военную операцию войной или вторжением, вас посадят в тюрьму на срок до 15 лет по закону, принятому российской Думой в прошлую пятницу. Писатели и журналисты массово покидают Россию, чтобы избежать гнева путинского железного кулака. Меня не удивляет, что церкви полны. Где еще можно найти убежище от военного преступника, который кажется либо злодеем, либо сумасшедшим — а возможно и тем и другим? В цивилизованном мире трудно поверить, что мы снова в Европе смотрим в дуло войны. Да поможет всем нам Бог, Света.*

Светлана Хатуева: *Церкви в России полны уже много лет. Я не первый день в церкви! И откуда вам знать, что то, что вы говорите, правда, а я ошибаюсь? Это просто то, во что вы решили верить. Однако у меня есть источники из Украины, которые считают иначе. Это «суверенное государство» является американской колонией с 2014 года. Там неонацисты. Я не собираюсь с вами спорить. Лучше не надо. Очевидно, мы читаем разную пропаганду. Вы читаете свое и выбрали верить в это. Вместо того чтобы принимать чью-либо сторону, я бы предпочла, чтобы мы стояли и смотрели сверху. И да свершится воля Божья.*

Мой ответ в группе «Блудный пилигрим»: *Я знаю, что говорю правду, Света, потому что я живу в свободной и демократической стране, где информация не подавляется государством, у нас не сажают в тюрьму за выражение своего мнения, и мы можем голосовать в свободных и честных выборах за лидеров, которые работают на благо народа, а не для собственного обогащения, и не обращаются со своими согражданами как с надоедливыми собаками. Путин находится у власти с тех пор, как Борис Ельцин* *похлопал его по плечу 22 года назад. Он сделал себя и своих олигархов одними из богатейших людей в мире за счет русского народа. Власть развращает, а абсолютная власть развращает абсолютно (как сказал лорд Эктон). Идея, что Украина — это американская колония, населенная неонацистами, просто смехотворна. Можете смотреть сверху и верить, что мы читаем разную пропаганду, если хотите, но история запишет Путина как Влада Злодея или Безумного, такого же преступного и заблуждающегося, как любой диктатор, который ему предшествовал.*[119]

Оглядываясь назад, можно сказать, что язык в этом обмене сообщениями в социальной сети немного резок, и я сожалею о любых ложных и вводящих в заблуждение медицинских наблюдениях с моей стороны, поскольку у меня нет квалификации, которая дала бы право ставить диагноз безумия хозяину России. Как и на войне, в социальных сетях все может выйти из-под контроля, поэтому я прошу прощения за свой язык и за любую обиду, которую он мог причинить вашим чувствам. Если вы безумны, вы можете быть не более безумным, чем любой другой из нас, так что добро пожаловать в род человеческий. Однако это не подхалимское извинение, и я по-прежнему считаю вас плохим человеком. За это наблюдение я благодарен австралийскому юристу и писателю Джеффри Робертсону за его книгу *«Плохие люди и как от них избавиться»*, равно как и за его работу по продвижению законов о правах человека во всем мире. Кроме того, я следую принципу утки— если что-то выглядит как утка, ходит как утка и крякает как утка, это, наверное, утка. Так и с плохими людьми.

Если говорить о действительно неприятных вещах, обратите внимание на дело Сергея Магнитского, российского гражданина и налогового аудитора, который имел дерзость сообщить о мошенничестве, в котором россиян обкрадывали с участием нечестных высокопоставленных полицейских и налоговых инспекторов в российском Министерстве внутренних дел. Этим бюрократам удалось выманить 230 миллионов долларов из государственных денег за счет незаконных налоговых льгот. За попытку помешать этому и отказ отозвать свои заявления

Магнитский был ложно обвинен в тех же преступлениях, о которых он сообщил. После года в тюрьме в ожидании суда, в камерах без чистой воды и залитых нечистотами, ему отказали в медицинской помощи по поводу панкреатита.

Затем его в наручниках отвезли в другую тюрьму, где, кричащего от боли, восемь тюремных надзирателей избили его резиновыми дубинками и оставили в одиночной камере, куда более часа не пускали ожидающих врачей. Его нашли на полу мертвым. «Он умер от сердечной недостаточности, без признаков насилия», — сообщила пресс-секретарь МВД.[120]

Как вы знаете, это не фальшивая история, распространяемая неонацистами или пятой колонной, или подонками и предателями, которых нужно выплюнуть как мошку. Подробности пыток и убийства Сергея Магнитского изложены в отчете Общественной наблюдательной комиссии за соблюдением прав человека в московских следственных изоляторах — независимой российской общественной организации. Комиссия пришла к выводу, что Магнитский подвергался физическим и психологическим пыткам, ему систематически отказывали в медицинской помощи, а его право на жизнь было нарушено государством. Сегодня законы имени Магнитского почти в 40 странах направлены против коррумпированных и преступных лиц —в отличие от государств и правительств — с санкциями, запрещающими поездки этих лиц в зарубежные страны и доступ к иностранным банковским системам для сокрытия доходов, полученных нечестным путем.

Всего четыре недели назад Австралия впервые применила закон Магнитского, чтобы наложить санкции на 39 российских граждан за коррупционную причастность к смерти и жестокому обращению с Сергеем Магнитским. В ответ на закон Магнитского вы «наказали гонца» Джеффри Робертсона, включив его в российский список лиц, подлежащих санкциям Кремля, по крайней мере, на время военной интервенции в Украине. Таких сообщений о «плохой утке» много.

Искренне
Группа мира России и Украины

Письмо 4
Мариуполь—город Марии, превращенный в руины

Группа мира России и Украины
Мария за сообщества Ангелус
2 Burringbar Street
Mullumbimby NSW 2482
Австралия

25 мая 2022 г.

г-н Владимир Путин
Президент Российской Федерации
Администрация Президента
ул. Ильинка, 23
103132, г. Москва
Россия

Уважаемый господин Путин

Я вижу, что Сатана (не ракета) снова упомянут сегодня в посланиях в Меджугорье, как и радость, которую легко потерять, когда все вокруг тебя разваливается или, в случае с украинским народом, взрывается. Не приходило ли вам в голову за последний месяц, что вы могли бы воззвать к лучшим ангелам своей натуры, приняв разумный подход и выбрав мир? Может, стоит принести публичные извинения и заключить соглашение об отводе войск с территории украинского народа? Буквально на этой неделе смелый российский дипломат при ООН Борис Бондарев выступил против лжи и непрофессионализма в вашем министерстве иностранных дел. Вы могли бы свериться с листком из дипломатического справочника ООН и признать, что вы совершаете преступления не только против народа Украины, но и против народа России. В заявлении Бориса Бондарева об отставке сказано все:

Агрессивная война, развязанная Путиным против Украины, а фактически против всего западного мира, [является, пожалуй,] самым тяжким преступлением против народа России, жирной буквой Z перечеркивающим все надежды и перспективы на процветающее свободное общество в нашей стране. Те, кто задумал эту войну, хотят навсегда остаться у власти, жить в помпезных безвкусных дворцах, плавать на яхтах, сравнимых по тоннажу и стоимости со всем российским флотом, [при этом] пользоваться неограниченной властью и полной безнаказанностью. Для достижения своих целей они готовы пожертвовать столькими жизнями, сколько потребуется — тысячи русских и украинцев уже погибли, всего лишь за это.[121]

Может быть стоит дать Борису Бондареву высшую гражданскую награду — Орден Святого апостола Андрея Первозванного. В последний раз вы вручали этот орден в счастливые дни 2019 года, когда премьер-министр Индии Нарендра Моди был отмечен за вклад в развитие стратегического партнерства между Россией и Индией. В наши дни Моди, похоже, предпочитает участие в Четырехстороннем диалоге по вопросам безопасности с Японией, Австралией и США союзу с Россией. Ваши дипломаты возвращаются домой, как цыплята на насест, подтверждая незавидный статус России как нового государства-затворника Европы.

Неудивительно, что Швеция и Норвегия подали заявку на вступление в НАТО, а народ Дании проголосовал за присоединение к оборонному пакту Европейского Союза, что говорит о том, что вашим главным политическим достижением после нападения на Украину стали страх и возмущение среди европейцев. Даже ваш единственный европейский союзник, Беларусь, начинает нервничать, когда сотни белорусов в день записываются воевать за Украину, а люди открыто восстают против милого вашему сердцу диктатора Александра Лукашенко, который фальсифицирует выборы, сажает оппонентов в тюрьмы и открыто нарушает законы о правах человека всякий раз, когда появляется возможность.

Все могло сложиться гораздо лучше в 1991 году, когда Российская Федерация начала свой долгий и трудный путь по пути от тоталитарного государства к демократической республике. Михаил Горбачев принес свободу слова, свободу собраний и свободу вероисповедания русскому народу, который никогда не знал таких свобод, *за исключением, возможно, нескольких хаотичных месяцев 1917 года.*[122] Но на построение демократии уйдет гораздо больше времени, чем рассчитывал миролюбивый Горбачев.

[Горбачев] представлял себе строительство «общеевропейского дома» для свободных европейских народов и нового мирового порядка, основанного, насколько это возможно, на отказе от силы. В ретроспективе это кажется невозможным как западным «реалистам», так и его русским недоброжелателям. Но мир мог бы быть лучше, если бы последовал его инициативам. Путин обвинил Запад в расширении НАТО вплоть до границ России — и использовал это для оправдания агрессии в Грузии и Украине. Что, если бы Запад не отверг горбачевское видение как мечту, а присоединился к нему в создании новой общеевропейской структуры безопасности?.. Советский Союз распался, когда Горбачев ослабил государство в попытке укрепить личность. Путин укрепил российское государство, ограничив личные свободы. Растущий российский средний класс, который, по оценкам, составляет 20 процентов населения, должен благодарить Горбачева за то, что он открыл дверь в лучшую жизнь —даже если его представители не спешат признать его своим благодетелем.[123]

Нечто вроде плана Маршалла могло бы помочь России встать на ноги после распада Советского Союза. По словам бывшего госсекретаря США Джорджа Маршалла, уроки, извлеченные из Первой мировой войны, означали, что восстановление европейских стран после Второй мировой войны зависело от экономической стабильности народа. Россия и страны Советского Союза отвергли эту помощь, утверждая, что план Маршалла был просто очередной попыткой США вмешаться в европейские дела.

В конечном итоге Горбачев был разочарован из-за того, что он считал отказом западных стран поддержать его инициативы. Он говорил с президентом Джорджем Бушем-старшим и Папой Иоанном Павлом II о создании нового мирового порядка, который был бы более справедливым, гуманным и безопасным, чем предшествующий, но этого так и не произошло. Американцы были полны решимости создать новую империю с собой во главе, говорит биограф Горбачева Уильям Таубман,[124] в то время как Ватикан был обеспокоен новой легитимностью, достигнутой Русской православной церковью. Папа Иоанн Павел II отказался ехать в Россию из-за отсутствия приглашения от православных церковных деятелей.[125]

Как и вы, Горбачев был крещен и, похоже, оставался неравнодушным к христианству в то время, когда в Советском Союзе религиозная практика противоречила гражданскому законодательству. Раиса Горбачева, талантливая и очаровательная жена Горбачева, потеряла своих бабушку и дедушку во время кровавого буйства сталинских чисток за то, что они выставили религиозные иконы у себя дома. Закон о свободе вероисповедания 1990 года, возможно, был самым большим вкладом Горбачева в перестройку до его политической кончины в следующем году. Горбачев похвалил вас за спасение России, когда страна распадалась при Борисе Ельцине в 1990-х годах, хотя в 2014 году он отзывался менее лестно, когда сказал, что ваша администрация стремится полностью подчинить общество Кремлю, воплощая в себе худшие бюрократические черты Коммунистической партии.[126]

Трудно представить, чтобы Горбачев хотел бомбить другие страны Европы. Всегда миротворец, он уважал украинский и белорусский суверенитет, признавая при этом общую культуру и наследие России в Святой Руси с двумя ее ближайшими соседями. Уильям Таубман отметил, что этнические русские, проживающие в южных и восточных областях Украины, проголосовали за независимость в 1991 году.

Результаты украинского референдума были ошеломляющими: явка на выборах составила 84 процента; более 90 процентов голосуют за независимость; более 83 процентов в восточной Луганской области; почти 77 процентов в Донецке; даже 54 процента в Крыму, где этнические русские составляли 60 процентов населения; 57 процентов в Севастополе, главной базе советского Черноморского флота.[127]

Мне кажется, референдум 1991 года подтвердил, что русский народ —как только они получат опыт независимости и свободы — не захочет вернуться в железную хватку тоталитарного правительства. При прочих равных условиях большинство людей признают и уважают основные права других. Украинцы стремятся быть хозяевами своей судьбы, и никакие запугивания и преследования не убедят их в том, что жить вассалами диктатора другой страны — хорошая идея. История показывает, что свобода предпочтительнее, чем заключение в тюрьму лидеров оппозиции, санкционированная государством ложь, запугивание и преследование людей.

А теперь вернемся к Мариуполю, Городу Марии, который вы недавно превратили в город руин. Папа Франциск спрашивает, как можно водрузить российский флаг на груду щебня и назвать это победой? Украинский католический архиепископ Святослав Шевчук говорит, что, хотя массовые убийства русских и украинцев превратили Город Марии в кладбище, из смерти приходит воскресение.

В более раннем письме я упомянул, что у Марии есть «форма», и под этим я подразумеваю традицию заступничества Марии как в восточной, так и в западной церквях, восходящую к началу христианства. На ум приходит история о Марии, ходатайствующей за жениха и невесту на свадебном пиру в Кане, а также о посвящении Иисуса в храме, когда он был младенцем. Плюс слова Иисуса на кресте, когда он отдал Марию и апостола Иоанна на попечение друг друга. Если Мария является в сегодняшнем мире — что, похоже, происходит в Меджугорье — быть может, сравнять с землей город, названный в ее честь, было еще одной плохой идеей.

Искренне
Группа мира России и Украины

Письмо 5
Еще одна годовщина явлений в Меджугорье

Группа мира России и Украины
Мария за сообщества Ангелус
2 Burringbar Street
Mullumbimby NSW 2482
Австралия

25 июня 2022 г.

г-н Владимир Путин
Президент Российской Федерации
Администрация Президента
ул. Ильинка, 23
103132, г. Москва
Россия

Уважаемый господин Путин

Религиозный человек должен знать, что Бог Авраама и пророков в целом против войны. В течение последних нескольких столетий люди Писания были в основном терпимы к другим религиозным верованиям, воздерживаясь от войны с неверными, кроме как для защиты жизни, свободы и собственности. У вас когда-нибудь возникал вопрос по поводу отношения Бога к тому, что вы несете смерть и разрушение народу Украины, не говоря уже о российских вооруженных силах и их семьях? Либо вы вместе с патриархом Кириллом убеждены, что ваша миссия — спасти украинцев от загнивающего Запада, либо вы недостаточно думали о том, что на самом деле означает верить в Бога. Мне кажется, что убивать людей, чтобы спасти их, нет смысла, поэтому я задаюсь вопросом, действительно ли вы верите в Бога.

Прошу минуты вашего внимания: я хочу раскрыть вопрос о существовании Бога. Насколько мне известно, никто в истории человечества не смог доказать, что Бог существует. Даже Фома Аквинский в своем произведении *Сумма теологии* смог привести только пять аргументов, касающихся сил природы, в пользу обоснованности существования Бога. Он не мог доказать как факт, что Бог существует. Перенесемся в сегодняшний день. В современном мире изменился ряд обстоятельств, сопутствующих доказательству существования Бога. Я имею в виду явления Марии в Меджугорье, которым на сегодняшний день исполнилось уже 40 лет. Они начались в этот день в 1981 году. По воле судеб вы решились на войну в 40-й год явлений.

Возможно, в то время вы не знали о важности числа 40 в иудео-христианской истории, которое часто является синонимом периода испытаний и страданий. Израильтяне скитались по пустыне в течение 40 лет после выхода из Египта, прежде чем достигли Земли Обетованной. Моисей провел 40 дней на горе Синай, прежде чем получил Десять Заповедей. В Книге Судей народ Израиля был захвачен филистимлянами на 40 лет. Всемирный потоп закончился через 40 дней. Искушение Иисуса в пустыне длилось 40 дней. Он вознесся на небо через 40 дней после воскресения. Пасха начинается с Пепельной среды, за которой следует 40-дневный пост. Мария впервые явилась в видении в 40 году н.э. в Сарагосе в Испании. Если Мария — пророк нашего времени в авраамической традиции, а вы, так сказать, находитесь в библейской рамке числа 40, я предполагаю, что вы захотите узнать о любом откровении Марии о существовании Бога.

Во время первых явлений в Меджугорье Мария обещала мир во всем мире, а в последних явлениях Она пообещала предоставить физическое доказательство того, что Бог существует. Позже Она сказала, что то, что Она начала в Фатиме, Она завершит в Меджугорье. Это может быть только упоминание об обращении России и мире во всем мире, поскольку другие пророчества Фатимы, насколько я понимаю, уже сбылись (кроме так называемой третьей тайны, о которой я расскажу в другом письме). Было много предположений о том, как может выглядеть физическое доказательство существования Бога. Православный веб-сайт, предоставляющий информацию о Меджугорье, описывает доказательство как *постоянный, видимый и нерушимый знак* на холме, где происходят явления.[128] По мнению провидцев, знак будет явно не от мира сего.

Что вы думаете об идее Пресвятой Богородицы как пророчицы нашего времени? Вы верите в феномен Меджугорья, или в Кремле это считают вздором? Папа Франциск назначил комиссию во главе с кардиналом Камилло Руини для изучения правдивости этого явления, и в отчете Руини от 2017 года рекомендовалось, чтобы Церковь признала явления первых семи дней. Это была странная рекомендация, учитывая, что свидетели явлений за 40 лет не сказали ничего, что не соответствовало бы свидетельствам первых семи дней. Послание о мире осталось прежним, как и обещание предоставить доказательства существования Бога.

Папа Франциск официально признал паломничество в Меджугорье в 2019 году, но на сегодняшний день он почти ничего не сказал об отчете Руини. Он вскользь упомянул об этом на пресс-конференции, заявив, что предпочитает, чтобы о Меджугорье сообщения отправляла Мария, а не глава телеграфной службы Ватикана.[129] Предшественник Франциска, Папа Бенедикт XVI, учредил комиссию по расследованию феномена Меджугорья в соответствии со своей верой в то, что ни человечество, ни мир не могут быть спасены, если Бог вновь не явит Себя в убедительной форме.

Почетный папа римский в своей книге *Истина и терпимость* выразил беспокойство о том, что в наше время рациональное восприятие разошлось с религией.[130] Я бы не хотел перекручивать слова Бенедикта, но я подозреваю, что он беспокоится о том, что чем больше мы узнаем о размерах Вселенной,как на внутриатомном, так и на космологическом уровне, тем меньше мы, кажется, знаем о Боге-Творце. Один философ, Сэм Харрис, в книге *Конец веры* утверждал, что религия зашла в тупик. Это шокирующий аргумент, если мы действительно одни во Вселенной.

Наши технические достижения в военном искусстве окончательно сделали наши религиозные разногласия, а, значит, и наши религиозные убеждения, несовместимыми с нашим выживанием. Мы больше не можем игнорировать тот факт, что миллиарды наших соседей верят в

*метафизику мученичества, или в буквальную истинность
книги Откровения, или в любые другие фантастические
представления, которые тысячелетиями таились в умах
верующих, потому что сейчас они вооружены химическим,
биологическим и ядерным оружием. Нет сомнений в том, что
эти события положат конец нашей нашей доверчивости.*[131]

Обратной стороной пессимизма Харриса является ожидание
Бенедиктом того, что Бог каким-то образом снова явится и спасет
нас. Христианский писатель Джозеф Яннуцци поддерживает
почетного папу римского: поскольку Бог послал Своего
единственного Сына спасти мир, *следовательно, Он
действительно спасет его.*[132] Возможно, вы с Патриархом
Кириллом на правильном пути с вашей миссией спасения мира от
упадка и разложения нечестивого Запада. Как верующий и самый
опасный разжигатель войны в истории человечества, вы,
безусловно, имеете уникальную возможность спасти или
уничтожить нас. Никто не сомневается в том, что война в Украине
— это ваших рук дело, и хотя она, скорее всего, и погубит вас, вы
все еще можете выбрать другой путь — путь мира. Если число
имеет значение, идите к миру, говорю я.

Вы когда-нибудь лежали ночью в постели, задаваясь
вопросом, как ваши религиозные убеждения сочетаются с
экзистенциальной угрозой, которую вы представляете для
человечества? Могу ли я тактично предложить, чтобы вы, отходя
ко сну, также обдумали фразу из сегодняшнего послания в
Меджугорье: *Разделение сильно, и зло действует в человеке, как
никогда раньше.* Трудно понять, с чего началось «разделение» в
мире. Говорила ли Мария о геополитике войны в Украине или,
возможно, о вчерашнем решении Верховного суда США отменить
почти 50-летнее установленное законом решение по делу Роу
против Уэйда — конституционное право женщин на
неприкосновенность частной жизни и физическую
неприкосновенность?

Возможно, вы не знаете, что кандидатам в президенты США в
2016 году были предложены значительные средства на
предвыборную кампанию в обмен на обязательство назначить

судей, которые могут отменить решение по делу Роу против Уэйда. Из всех кандидатов в президенты только ваш приятель Дональд Трамп принял предложение, так что теперь у нас есть судьи в крупнейшей в мире демократии, которые действуют как судьи, которых вы назначаете, вынося несправедливо суровые приговоры (вспомните Сергея Магнитского и Алексея Навального) и угрожая верховенству права и независимости судебной системы.

Если «раскол» силен и «зло» действует как никогда раньше, тогда у нас серьезные проблемы, Хьюстон. Подумайте о зле, созданном Гитлером и Сталиным, а затем сделайте глубокий вдох. Бомбы сегодня больше, поэтому пострадает и умрет большее число людей. По оценкам, 70 миллионов человек стали жертвами Второй мировой войны, и с тех пор население мира увеличилось в четыре раза и достигло примерно восьми миллиардов. Нам всем есть что терять, а вы продолжаете повышать ставки. Мария говорит, что в конце концов Россия будет обращена, и миру будет дарован период мира. Но где же этот пророческий «конец» и чего нам всем будет стоить его достижение?

Джордж Оруэлл указывал, что пацифизм в значительной степени основан на вере в то, что в конце концов добро всегда побеждает зло. *Не сопротивляйтесь злу, и оно как-нибудь само себя уничтожит. Но почему? Какие есть доказательства того, что это так? И какой пример современного индустриального государства, рушащегося или завоеванного извне с помощью военной силы, можно привести?*[133] Что пугало Оруэлла больше, чем бомбы, так это потеря объективной истины в современном мире. Он бы пришел в отчаяние при мысли об американском президенте, чьи принципы работы заключаются в том, чтобы лгать и обманывать, а не говорить правду — вид искусства, освоенный в течение жизни, посвященной борьбе с непостижимой системой правосудия, и позволяющий сторонам судебных споров заявлять, что они выиграли, даже если они проиграли.

Для Оруэлла истина продолжает существовать независимо от того, насколько сильно мы ее отрицаем, как и либеральная демократия, и эти два препятствия на пути к фашизму нужно защищать до смерти. Если в вашей напряженной жизни у вас есть время для легкого чтения, я настоятельно рекомендую «1984» Оруэлла, в которой бесконечная пропаганда такого могущественного лидера, как вы, пытается убедить массы в том, что война — это мир, и они виновны в мысленных преступлениях. Мне достоверно сообщили, что эта книга станет самым продаваемым художественным произведением в России в 2022 году, хотя впервые она была опубликована в 1949 году.

Позвольте мне в заключение сказать, что самым просвещенным пацифистом, которого я когда-либо встречал, был ваш предшественник Михаил Горбачев, который в 1960-х годах чувствовал бы себя как дома в северной части штата Нью-Йорк, в Вудстоке. Все мы на Западе любили Горбачева, но ничего не сделали, чтобы помочь ему оптимизировать российскую экономику. Представьте, если хотите, что все деньги, которые Запад сегодня тратит в Украине для уничтожения российских солдат, были бы использованы для реализации планов Горбачева по экономическому развитию и миру.

Проблема была, конечно, в том, что эти планы так и не увидели свет. Достаточно сказать, что Борис Ельцин сделал для экономической реформы и мира больше за шесть месяцев, чем Горбачев за шесть лет. Вы когда-нибудь думали о том, чтобы пересмотреть ряд горбачевских планов мира и развития, воспользовавшись своими экономическими навыками? Возможно, у меня будет возможность обсудить эту мысль в другом письме.

Искренне
Группа мира России и Украины

PS. Во избежание недоразумений, я «встречал» с Михаилом Горбачевым только в том смысле, что он помахал мне рукой с переднего пассажирского сиденья своего русского лимузина, когда он въезжал в боковые ворота Ватиканского городского сада, где я прогуливался как турист в 1989 году. Горби был в гостях у Папы Иоанна Павла II чтобы помочь спасти мир холодной войны.

Письмо 6
Надежда и отчаяние из-за украинского урожая зерна

Группа мира России и Украины
Мария за сообщества Ангелус
2 Burringbar Street
Mullumbimby NSW 2482
Австралия

25 июля 2022 г.

г-н Владимир Путин
Президент Российской Федерации
Администрация Президента
ул. Ильинка, 23
103132, г. Москва
Россия

Уважаемый господин Путин

То, что выглядело как маяк надежды — что вы разрешите вывоз украинского зерна из трех портов на Черном море — просто исчезло, быстрее, чем российские рынки нефти и газа. Я про вчерашнее трагическое решение бомбить Одессу — украинскую «Жемчужину у моря». Утонченную и элегантную Одессу Пушкин называл городом, в котором *все дышит Европой*. Вы собираетесь сделать в Одессе то, что сделали в Мариуполе, и снести город с лица земли, совершить культурное преступление, наверняка не меньшее, чем любое преступление ИГИЛ?

Редакционная колонка в сегодняшней газете The Australian не стеснялась в словах. *Даже по стандартам вопиющей бесчеловечности, которую мир ожидает от Владимира Путина, субботний удар российской крылатой ракеты по украинскому порту Одесса, центру хлебного экспорта, был безнравственным актом, который почти невозможно понять.*[134] Уровень гнева практически ощутим, он напоминает реакцию мира на то, что Сталин преднамеренно уморил голодом до семи миллионов русских и украинских жителей во время Голодомора («убийства голодом»), начавшегося в 1929 году. Хотя никто на самом деле не знает, куда заведет нас ваша война с Украиной, мало кто ожидал, что она вызовет голод и смерть в некоторых из беднейших стран мира.

Что особенно возмущает цивилизованный мир, так это то, что за день до ваших ракетных ударов по Одессе ваш министр обороны Сергей Шойгу подписал соглашение с генеральным секретарем ООН Антониу Гутерришем и президентом Турции Реджепом Тайипом Эрдоганом. Соглашение должно было разрешить крупномасштабный экспорт зерна из украинских черноморских портов для снабжения Всемирной продовольственной программы ООН. Как вы со временем обнаружите, когда ваши запасы нефти и газа будут достаточно истощены или исчерпаны, люди нуждаются в надежных источниках пищи не меньше, чем в энергии. В глобализированном мире есть альтернативы, и война заставляет их искать.

Еще одна вещь, которую я заметил в прошлом месяце, это то, что Патриарх Московский Кирилл, кажется, притих. Он все еще считает вас святым Владимиром Метафизиком или передумал? Ему не понравится, что Россия потеряла от 15 000 до 30 000 (в зависимости от того, с кем говорить) своих войск в Украине. Русской православной церкви приходится проводить множество похоронных обрядов. Еще в 2019 году, когда была установлена украинская автокефалия, Кирилл осудил те православные церкви в Александрии и Греции, которые поддерживали Украинскую православную церковь, как «раскольников» и «силы зла».[135] И мне интересно, сожалеет ли патриарх о перегибах своей проповеди в храме ВС РФ в Прощеное воскресенье в марте этого года, когда он объявил, что погибшие в Украине российские солдаты *отдали жизнь за други своя* точно так же, как Иисус сделал это для своих учеников.[136] Неудивительно, что икона Умягчения злых сердец заплакала!

Еще более странно то, что в одной части проповеди Кирилл сказал собравшимся прихожанам, что Россия борется с фашизмом в Украине, а затем на следующем дыхании сказал, что *величайшее и святейшее чувство*, данное Господом человеку, это чувство любви. Кириллу может быть интересно, что чувствовали российские военные, когда три месяца назад они насиловали, пытали и убивали сотни граждан в Буче, хороня их тела в братской могиле. Как указывает Сэм Харрис, религиозная неразумность является одной из главных причин вооруженных конфликтов в мире, и все больше и больше иррационально религиозные люди становятся объектом циничного использования.

Вопрос о том, как церкви удалось превратить основное послание Иисуса о любви к ближнему и подставлении другой щеки в учение об убийстве и грабеже, кажется, обещает душераздирающую тайну; но это вовсе не тайна. Помимо неоднородности Библии и прямого внутреннего противоречия... виновником явно является само вероучение. Всякий раз, когда человек воображает, что ему нужно только верить в истинность какого-либо утверждения, без доказательств... он становится способным на что угодно.[137]

Простите меня, если я покажусь циничным, но я полагаю, что вы очарованы Патриархом Кириллом, его благословениями и религиозной деятельностью не меньше, чем его безудержным восхищением и лестью, граничащими с преклонением. Мое наблюдение основано не только на том, что вы говорите друг о друге, но и на лучезарной радости, которую вы оба выражаете, фотографируясь в обществе друг друга. В нормальных обстоятельствах на ваши отношения можно было бы смотреть и радоваться, но в контексте войны против народа Украины они больше похожи на симбиотическое слияние религии и политики.

Я вижу, какие выгоды вы получаете от этих отношений, хотя трудно понять, что в них есть для человека Божьего, который должен помогать людям набирать положительные очки к Судному дню. Папа Франциск предупредил Кирилла, чтобы он не превращался в вашего прислужника, а Константинопольский патриарх Варфоломей заявил в интервью, что Кириллу неуместно претендовать на звание брата народа Украины и в то же время *благословлять войну* против них.[138]

В своей ныне печально известной проповеди в Храме Вооруженных сил в Прощеное воскресенье в марте патриарх Кирилл не сдерживал себя, когда заявил, *что наши вооруженные силы имеют священную помощь свыше, от Бога и от небесных святых*.[139] Он отрицал существование независимой страны, известной как Украина, утверждая, что нет таких людей, как украинцы, есть только русские. И заявляя юрисдикцию над соседями России во имя Бога, отрицая территориальную целостность и самобытность украинского народа — давая свое молчаливое согласие пытать, калечить и убивать, чтобы они отказались от своей идентичности — Патриарх Кирилл объявил священную войну. По его собственным словам, целью джихада Кирилла является вся «Святая Русь».

Меня поражает наглость утверждения, что Украины не существует, тогда как историческая правда состоит в том, что славянский город Киев был столицей области Киевской Руси (включая сегодняшнюю Россию) на стыке Европы и Азии, когда Москва была глухой деревней на том, что когда-то называлось Черной рекой. Профессор Марк Галеотти говорит, что отрицать существование Украины — значит переписывать историю России.

Между тем, пока их войска сражаются за Донбасс, историки Москвы и Киева спорят о том, кто может заявить свои права на Владимира Великого: является ли духовный предок современной России на самом деле украинцем, будучи великим князем киевским, или же его происхождение от Рюриков доказывает, что Украина действительно просто обособленная часть России? Древняя история, национальные мифы и современные войны могут быть ближе, чем нам хотелось бы верить, и нигде больше, чем на землях Руси.[140]

Пишущая для журнала *Foreign Affairs* Анна Рейд говорит, что заявления России о том, что Украины на самом деле не существует, являются чепухой, это такой же абсурд, как сказать, что Ирландии на самом деле не существует, потому что она когда-то находилась под властью Великобритании, или что норвежцы это на самом деле шведы.

Хотя они завоевали государственность всего 31 год назад, украинцы имеют богатую национальную историю, уходящую в глубь веков... Что касается оскорбительного обвинения в неонацизме, то оно опровергается тем фактом, что президент Украины Володимир Зеленский является евреем и что на последних выборах в парламент в 2019 году крайне правая партия Украины «Свобода» набрала менее трех процентов голосов. По мере того как воображаемая Путиным Украина все больше расходилась с украинской реальностью, этот миф становилось все труднее поддерживать, а противоречия становились все более острыми. Но вместо того чтобы подкорректировать свою историческую фантазию и приблизить ее к истине, Путин удвоил ставку, прибегнув к военной силе и тоталитарной цензуре в тщетной попытке приблизить реальность к мифу.[141]

Сегодня я обнаружил в Интернете потрясающее видео, на котором вы и Патриарх Кирилл официально присутствуете на торжественном открытии нового сияющего памятника Владимиру Великому в центре Москвы. 17-метровая статуя затмевает своего тезку в Киеве — как по размерам, так и по впечатляющему внешнему виду. В Киеве этот великий человек изображается похожим на Иисуса паломником, держащим в одной руке большой крест, а в другой — великокняжескую шапку, а в московском варианте — это воин с широко открытыми глазами, сжимающий в руках и крест, и меч. Должен сказать, этот контраст заставил меня улыбнуться, как и имена — Владимир в Москве и Володимир в Киеве. У Бога есть чувство юмора!

Также сегодня мне было интересно прочитать в ежемесячном сообщении из Меджугорья, что Мария все еще говорит об обращении к Богу, хотя и не конкретно об обращении России. Я только что просмотрел послания 40-летней давности в поисках раннего упоминания об обращении, и в мае 1982 года провидцы сообщили, что Мария сказала, что она пришла призвать мир к обращению в последний раз. Меджугорье будет ее последним появлением на земле. Сообщается, что в июле 1982 года — почти ровно 40 лет назад — в ответ на вопрос одного из провидцев

Пресвятая Богородица сказала, что третьей мировой войны не будет.[142] Это хорошая новость в конце долгого дня беспокойства о том, как может быть разрешена война этих памятников.

Искренне
Группа мира России и Украины

Письмо 7
История как оправдание нападения на соседей

Группа мира России и Украины
Мария за сообщества Ангелус
2 Burringbar Street
Mullumbimby NSW 2482
Австралия

25 августа 2022 г.

г-н Владимир Путин
Президент Российской Федерации
Администрация Президента
ул. Ильинка, 23
103132, г. Москва
Россия

Уважаемый господин Путин

Позвольте мне сказать еще кое-что об этих конкурирующих статуях великого человека (Владимира в Москве и Володимира в Киеве), так как сейчас я имел возможность прочитать перевод вашего выступления на церемонии открытия памятника князю Владимиру в День народного единства в 2016 году. Вы говорили страстно и разумно — как вы часто делаете, когда не злитесь.

Князь Владимир навсегда вошел в историю как собиратель и защитник русских земель, как дальновидный политик, создавший основы сильного, единого, централизованного государства, объединившего в результате в одну огромную семью равные между собой народы, языки, культуры и религии. Его эпоха знала много свершений, и самым главным, решающим, конечно, ключевым из них было крещение Руси. Этот выбор стал общим духовным источником для народов России, Белоруссии, Украины и заложил нравственную основу, определяющую нашу жизнь по сей день.[143]

Никто из моих знакомых не верит, что вас удовлетворило бы простое объединение Беларуси и Украины под российским шатром, когда империя Киевской Руси простиралась почти до Полярного круга на севере и до Польши на западе. За несколько лет до того, как Владимир, или Володимир, обратил народ Киевской Руси в христианство в 988 году н.э., «Добрый король Вацлав» (который на самом деле был герцогом) в Богемии поднял белый флаг перед немецкими захватчиками короля Генриха Птицелова. *Склонение богемского герцога перед большей властью немецкого короля тысячу лет спустя Адольф Гитлер процитирует как оправдание своего вторжения в чешские земли.*[144] Ваша претензия на *неделимость и целостность тысячелетней истории нашей страны* с целью оправдать вторжение на земли народа Украины не менее ложна.

Для справки: ваш князь-воин и святой Владимир Великий предпочел христианство другим религиям того времени в качестве трамплина к консолидации своей империи и завоеванию руки Анны — сестры византийского императора. Христианство было ценой этого династического союза вместе с военной поддержкой. Один за другим деревянные языческие идолы на холмах, окружающих Киев, были снесены, а горожане согнаны в реку Днепр для насильственного крещения.

Сделка была заключена с Владимиром, крестившимся в Херсонесе. Позже он будет причислен к лику святых и назван равноапостольным великим князем Владимиром, но этот кажущийся акт благочестия на самом деле был образцом циничной и жестокой политики государственного деятеля. Это подтвердило его статус величайшего князя на Руси и укрепило связи с их самым могущественным соседом и самым богатым торговым партнером.[145]

И последнее, что приходит на ум в связи с вашей речью на открытии 17-метровой статуи Владимира Великого в Москве, это ваше замечание о том, что «выбор» Владом христианства и отказ от язычества *стал общим духовным источником для народов России, Белоруссии, Украины и заложил нравственно-ценностные основы*… Большинство христиан, которых я знаю, сказали бы, что их религия — это не «выбор» как таковой, а дар веры. Если христианство — это просто выбор, тогда роль Бога в отношениях с человечеством уменьшается. Возможно, вы знаете о чтениях на Западе в эти выходные из Первого Послания Иоанна.

Мои дорогие друзья, давайте любить друг друга, ибо любовь исходит от Бога. Всякий любящий рожден от Бога и знает Бога. Кто не любит, никогда не сможет познать Бога, потому что Бог есть любовь. Любовь Божия к нам открылась в том, что Бог послал в мир Единородного Сына Своего, чтобы мы получили жизнь через Него. В том любовь, что не мы возлюбили Бога, но Он возлюбил нас и послал Сына Своего в умилостивление за грехи наши.[146]

Судя по его словам на открытии памятника Владимиру Великому, о любви Божьей знает и патриарх Московский Кирилл.

Этот памятник — напоминание всякому, взирающему на него: «А ты так же искренен в своей вере, в своей любви к Отечеству, народу, как и святой князь Владимир? Или ты хочешь дистанцироваться от всех и вся ради частной выгоды и своекорыстного интереса? Христианин — это тот, кто следует Христу не только когда это удобно и комфортно, а всегда. Истинный последователь Христа не может не болеть сердцем не только за своих близких, но и за свой город, за свою страну, за весь мир. Самая страшная беда нашего времени — не экономические и политические кризисы, а острое, теперь уже хроническое, отсутствие любви: друг к другу, к нашему Творцу и ко всему творению.[147]

В конце своего выступления Кирилл признал, что великий князь киевский и московский является отцом всего народа исторической Руси, *ныне проживающего в границах многих государств.* Памятник отцу может быть везде, где живут его дети, сказал Кирилл, но *плохо, если дети забывают, что у них один отец.* Хуже всего, если можно так выразиться, семьи, которые калечат и убивают друг друга из-за общего происхождения. В английском языке для описания такой ситуации появился новый глагол «путинизировать». Я знаю, что вы мало уважаете Запад, но большинство из нас делает все возможное, чтобы найти что-то, что можно любить в каждом, вступая в войну только тогда, когда мы обязаны защищать друг друга от несправедливой агрессии и преследований.

И так же неотвратимо, как ночь сменяет день, придет время, когда Патриарх Кирилл или его преемники отцепят русскую христианскую колесницу от вашей смертоносной военной машины, ибо любовь к ближнему есть вторая высшая заповедь для последователей Христа после любви к Богу. Русская православная церковь не может служить двум господам, тем более сейчас, когда русские солдаты возвращаются с войны в гробах в таком количестве, что государство вынуждено рыскать по рядам заключенных, чтобы заменить их. Патриархи устанут пытаться объяснить женам, матерям, братьям и сестрам русских солдат, почему их мужчины гибнут в братоубийственной войне.

В начале войны только митрополит Украинской Православной Церкви Московского Патриархата Онуфрий осмелился осудить «военную интервенцию» за отмену моральной ответственности, к которой она приводит. *Украинский и русский народы вышли из днепровской купели, и война между этими народами есть повторение греха Каина, из зависти убившего родного брата. Такая война не имеет оправдания ни перед Богом, ни перед людьми.*[148] Киевлянин Володимир Зеленский — это ваш брат Авель, которого вы пытаетесь убить, и даже если вам это удастся, это преступление обречет вас на жизнь заблудшей души, блуждающей в поисках земли Нод.

Конечно, Бога может и не быть, и всякая религия оказывается плодом человеческого воображения (эту тему я надеюсь раскрыть в другом письме), и это означает, что вы безнаказанно можете совершать свои преступления против народов России и Украины. Тем не менее, учитывая чудовищность этих преступлений, я хотел бы думать, что в будущем вы понесете ответственность, возможно, как заключенный тюрьмы Схевенинген в Гааге, старик, привезенный в Международный уголовный суд в коляске и с шалью на коленях, гневающийся на судей, собирающихся вынести вам приговор.

Учитывая принцип соразмерности при вынесении приговора, который действует на Западе, первый вопрос, который может потребоваться рассмотреть суду, — какой приговор подходит за массовое убийство, когда в России можно получить 15 лет за дискредитацию армии или за называние украинской «специальной военной операции» войной? Или, что еще хуже, по факту пожизненное заключение за активную оппозицию правительству на демократических выборах? В суровом и несправедливом режиме вынесения приговоров, подобном тому, который действует в России, нет предела наказанию, так что вам остается надеяться, что принцип «обращайся с другими так, как они обращаются с тобой» не применяется в международных судебных процессах в области прав человека.

Буквально на этой неделе вы предъявили абсурдное обвинение и посадили в тюрьму бывшего мэра уральского города Екатеринбурга Евгения Ройзмана — союзника Алексея Навального и последнего из ведущих деятелей российской оппозиции, который еще не находился за решеткой или в изгнании.[149] Свободные и честные выборы не могут быть проведены в России, пока вы остаетесь у власти, поскольку основные кандидаты, которые могут выступать против вашей политики, сейчас находятся под стражей. Я недавно прочитал в книге, что вы были умеренным и справедливым чиновником в Ленинграде, но как только вы приехали в Москву осенью 1996 года, Борис Ельцин дал вам мандат быть жестким, и это, похоже, подошло вам, *как перчатка*, по словам автора Филипа Шорта.[150] «Путин: его жизнь и времена» — толстая книга писателя, который восемь лет работал над вашей биографией. Я буду держать вас в курсе, пока буду читать эти 850 страниц.

У вас еще есть время отвести войска из Украины и сказать, что это все было большой ошибкой. Просто скажите, что вы посмотрели размеры России на карте — почти в два раза больше любой другой страны — и поняли, что вам не нужна еще и украинская земля. И никто не сказал вам, что страны, которые могут защищать Украину, производят лучшее оружие и имеют общий ВВП, превышающий 40 триллионов долларов (по сравнению с 1,8 триллиона долларов России). Вы извиняетесь за то, что не провели более тщательных исследований перед объявлением «специальной военной операции», но вас окружали люди, не желавшие разубедить вас в вашей мании военного величия. Рука об руку с христианской любовью идет прощение, поэтому вы имеете полное право просить прощения у жителей Украины и России, поскольку большинство из них являются христианами благодаря святому князю Владимиру Великому и его «выбору» христианства в 988 году н.э.

Некоторые люди скажут, что прощение — это ненавистная и презренная идея, а вовсе не добродетель. Как русский или украинец —потерявший близких из-за бойни, которую вы им устроили — может простить? Из всех христианских добродетелей, как сказал К. С. Льюис, прощение является самым непопулярным, потому что библейский императив любить «ближнего твоего» включает в себя и «врага твоего».[151] Льюис утверждал, что эту трудность можно облегчить, просмотрев полный текст инструкции: «Возлюби ближнего своего, как самого себя». Как выразился Льюис, любовь означает не чувство привязанности к своему ближнему или нахождение его привлекательным, а, скорее, признание того, что он или она ничем не отличаются от вашего хорошего или плохого «я».

В моменты наиболее ясного видения я не только не считаю себя хорошим человеком, но знаю, что я очень противный. Я могу смотреть на некоторые вещи, которые я сделал, с ужасом и отвращением. Так что, по-видимому, мне позволено ненавидеть и испытывать отвращение к тому, что делают мои враги. Теперь, когда я об этом думаю, я вспоминаю, как христианские учителя давно говорили мне, что я должен ненавидеть поступки плохого человека, но не ненавидеть самого человека: или, как они сказали бы, ненавидеть грешника, но не грех.[152]

Часто в своей работе юристом я видел, как люди прощали невыразимые преступления против них самих и их семей, полагая, что они не смогут оправиться от большой потери, пока все еще таят злобу. Для других попросить о прощении — это еще одно бремя, поэтому они должны идти своим путем — и в своем темпе. Льюис говорит, что, хотя трудно любить людей, в которых, кажется, нет ничего привлекательного, Бог подает нам пример, любя нас самих. Мы продолжаем это делать, несмотря на наши неудачи. Бог хочет, чтобы мы любили всех так же, как мы любим самих себя. *Он дал нам головоломку, уже решенную в нашем собственном случае, чтобы показать нам, как она работает.*[153] Льюис освещает совершенно новый аспект Божьей любви, пытаясь просветить нас в нашем понимании прощения.

Искренне
Группа мира России и Украины

Письмо 8
Референдум о человеческом достоинстве

Группа мира России и Украины
Мария за сообщества Ангелус
2 Burringbar Street
Mullumbimby NSW 2482
Австралия

25 сентября 2022 г.

г-н Владимир Путин
Президент Российской Федерации
Администрация Президента
ул. Ильинка, 23
103132, г. Москва
Россия

Уважаемый господин Путин

В этом месяце я собирался написать еще кое-что о том, во что на самом деле верят христиане, говоря о существовании Бога, но произошло так много всего, что это послание придется отложить до следующего раза. Начнем с того, что два выдающихся человека совсем недавно покинули этот бренный мир с разницей в пару недель. Я говорю о Михаиле Горбачеве из Великой России и королеве Великобритании Елизавете II. Как вы знаете, мы на Западе любили Горби, не меньше, чем Лиззи. Я надеюсь, что в Царстве небесном они обмениваются мнениями о свободе, долге, справедливости и доброжелательном демократическом правительстве. Между тем, ваша спецоперация в Украине с каждым днем становится все глупее — даже ваш министр обороны теперь называет интервенцию войной.

Согласно последним новостям, ваши войска на территории Харьковской области бежали с поля боя, оставив замученными и убитыми более тысячи граждан Украины. Как и в Буче, российские солдаты совершили военные преступления против ни в чем не повинных мирных жителей, прежде чем бросить свое оружие и отступить. Глава Харьковской областной администрации Олег Синегубов заявил, что у 99 процентов тел, эксгумированных в братских могилах, обнаружены признаки насильственной смерти.[154] Такие враждебные действия сильно отличаются от первых дней вашего президентства, когда вы любили цитировать великого Михаила Горбачева: *«У нас должна быть одна диктатура для всех, диктатура закона».*[155]

В ответ на понесенные военные поражения вы решили призвать 300 000 резервистов, что побудило одного украинского советника указать, что резервистам придется добираться до передовой пешком, чтобы забрать российскую технику, брошенную ваши регулярными войсками. Николай, пенсионер, проживающий в Изюме, где в братских могилах найдено более 400 изувеченных тел мирных жителей, не беспокоится о возвращении российских солдат. *«Как они собираются вернуться? — спросил он. — На чем именно?»*[156]

Во время Международного женского дня 8 марта вы ответили на вопросы российских женщин, которые опасались, что война в Украине может сделать их вдовами, заверив их, что резервистов не призовут воевать. Для меня неудивительно, что ваша речь стала вирусной в социальных сетях, и ваши слова вернулись, чтобы укусить вас.

Хочу обратиться к матерям, женам, сестрам, невестам и подругам наших солдат и офицеров, которые сейчас в бою, защищают Россию в рамках специальной военной операции. Понимаю, как вы переживаете за своих любимых и близких. Вы можете гордиться ими так же, как вместе с вами ими гордится и переживает за них вся страна. Подчеркну, в боевых действиях не участвуют и не будут участвовать солдаты, проходящие срочную службу. Не будет проводиться и дополнительный призыв резервистов из запаса.
Поставленные задачи решают только профессиональные военные. Уверен, они надежно обеспечат безопасность и мир для народа России.[157]

Возможно, эта война со своими соседями станет самой лживой и двуличной спецоперацией в истории человечества. Я вижу, что ваши должностные лица на востоке и юге Украины — в отдельных районах Донецкой, Луганской, Херсонской и Запорожской областей — ходят от двери к двери с вооруженными российскими солдатами, пытаясь заставить местных жителей поставить подписи за то, что вы называете общенародным референдумом. Как только у вас будет достаточно подписей, утверждающих российскую власть, их дома, скорее всего, будут сровнены с землей в результате неизбежного на войне сопутствующего ущерба, и тогда вы будете оправдывать свои действия тем, что просто защищаете русскую землю. Цитируя вашего бывшего премьер-министра Дмитрия Медведева, *Посягательство на территорию России — преступление, совершение которого позволяет [нам] использовать все силы самозащиты.*[158] В роли заместителя председателя вашего Совета безопасности, Медведев, возможно, не самый компетентный среди российских государственных деятелей, но трудно поверить, что он мог выступать в поддержку такого откровенного кощунства против демократии, позволяющего людям голосовать за собственное уничтожение.

Журнал *Economist* сообщает, что вы высказали «слегка завуалированную» угрозу применения ядерного оружия в так называемых оспариваемых регионах Украины, чтобы удержать народ Украины от возвращения территории, которую вы украли. Что касается референдума, автор статьи говорит, что голосование должно было быть проведено с уведомлением за три дня и под дулом пистолета, и результаты не вызывают сомнений. Кажется, цель состоит в том, чтобы дать вам *риторическое оправдание, чтобы представить усилия Украины по возвращению своей территории как нападение на саму Россию.* Могу ли я с уважением предложить — как альтернативу гибели людей — почему бы не использовать результаты референдума для вывода своих войск из России? Просто скажите правду и объявите, что большинство людей на востоке и юге Украины предпочли бы не жить под ярмом российской оккупации — как вы теперь знаете — и поэтому вы решили вывести свои войска.

Со времени последнего референдума в Украине 30 лет назад — того, который надлежащим образом контролировался в соответствии с международным правом — ничего не изменилось, кроме того, что Россия становится все более авторитарной и воинственной. Почему бы не сказать, что вы внимательно изучили результаты референдума 1991 года на Украине и теперь понимаете, что подавляющее количество участников проголосовали за независимость от России? Подробности из биографии Горбачева я приводил вам в предыдущем письме,[159] но если вы забыли: 84 процента имеющих право голоса, пришли проголосовать, и более 90 процентов участников сказали «да» отделению от России. В Луганской области «за» проголосовали более 83 процентов, а в Донецкой области – 77 процентов. Дайте всем передохнуть и подчинитесь воле народа, господин Путин, даже если это означает признание того, что Россия сейчас еще менее популярна, чем в 1991 году, благодаря вашим усилиям перевернуть демократию с ног на голову.

Несколько слов, если позволите, о том, что мне кажется слепым пятном в вашем восприятии демократического мира. Я имею в виду ваше очевидное отсутствие сочувствия к жизням ближних, что помогло бы объяснить, почему подлежащие призыву граждане используют любые доступные им средства, чтобы избежать военной службы. В наших местах мы верим, что каждая человеческая жизнь важна, и убивать и калечить друг друга чревато последствиями. Демократия работает, только если мы доверяем друг другу и уважаем друг друга. Говорят, что потребность в уважении является стержнем вашей жизни, и все же ваше неуважение к жизни других людей ошеломляет. Вы ожидали, что народы востока и юга Украины откажутся от своих прав человека и достоинства под прицелом фашистского оружия, в то время как демократия будет стоять сложа руки?

В отличном эссе, опубликованном в этом месяце в журнале *Foreign Affairs*, профессор истории Йельского университета Тимоти Снайдер описывает фашизм в том виде, в каком он действует в России, как особую форму тирании, характеризующуюся культом личности, де-факто единственной партией, массовой пропагандой, преобладанием воли над разумом и политикой «мы против них». Поскольку фашизм ставит насилие выше разума, победить его можно только силой.

Украинское сопротивление тому, что казалось подавляющей силой, напомнило миру, что демократия заключается не в том, чтобы принять очевидный вердикт истории. Речь идет о роли в истории; стремление к человеческим ценностям, несмотря на натиск империи, олигархии и пропаганды; и в процессе этого раскрываются ранее невиданные возможности...То, что потребовалось столько усилий (и столько кровопролития), чтобы Запад вообще заметил Украину, показывает вызов, который бросает русский нигилизм. Это показывает, насколько близко Запад подошел к тому, чтобы поступиться традициями демократии.[160]

Просто чтобы вы знали, Запад с Украиной всерьез и надолго, и для Европы важно, чтобы Россия проиграла эту войну.

Европейские государства, которые сегодня гордятся своими правовыми традициями и терпимостью, по-настоящему стали демократиями только после поражения в последней империалистической войне. Россия, которая ведет империалистическую войну на Украине, никогда не сможет принять верховенство права, а Россия, контролирующая украинскую территорию, никогда не допустит свободных выборов. У России, проигравшей такую войну, в которой путинизм будет признан негативным наследием, есть шанс. Несмотря на то, что утверждает российская пропаганда, Москва довольно часто проигрывает войны, и каждый период реформ в современной российской истории начинался после военного поражения.[161]

Я благодарен профессору Снайдеру за то, что он сообщил мне, что ваше нападение на Украину является зеркальным отражением нападения Гитлера на Чехословакию в 1938 году. Возможно, это банальное изречение, но история имеет обыкновение повторяться. Второй мировой войны могло и не быть, если бы германский вермахт встретил сопротивление в Чехословакии. Вместо этого ее союзники предали страну, позволив Гитлеру навязать железную хватку нацизма.

Риторика Путина до плагиата напоминает гитлеровскую: оба заявляли, что соседняя демократия в чем-то тираническая, оба ссылались на мнимые нарушения прав меньшинств как на повод для вторжения, оба утверждали, что соседнего народа на самом деле не существует и что его государство нелегитимно... В 1938 году Чехословакия имела приличные вооруженные силы, лучшую в Европе военную промышленность, естественную оборону, усиленную укреплениями. Нацистская Германия могла бы и не победить Чехословакию в открытой войне, и уж точно не сделала бы это так быстро и легко.[162]

В отличие от лидеров Чехословакии, храбрый Владимир Зеленский предпочел сопротивление изгнанию, и вместо того, чтобы сдать страну, демократические союзники Украины решили выступить против вашей агрессии. Оба события были неожиданно благоприятными, что позволило сработать принципу Гёте: как только мы посвящаем себя добру, в игру вступают другие силы, поддерживающие наше решение. Никто не может изменить прошлое, но у вас больший, чем у большинства людей, шанс написать будущее. Думайте об Украине как о той крысе, которую вы загнали в угол в детстве в Ленинграде. Когда грызун погнался за вами, осмотрительность была лучшей доблестью, и вы убежали — разумный поступок как тогда, так и сейчас.

Еще одна причина отказаться от своих амбиций в Украине заключается в том, что система верований, которую вы считаете своей религией, — ваша православная вера и наследие — требует на самом базовом уровне готовности пожертвовать собой ради большего блага. Люди, которые выдвинули вас на руководящий пост в Кремле, в то время считали, что спасают Россию от коммунистов. Но теперь эти люди глубоко сожалеют, и говорят, что любая власть от Бога. *А если власть от Бога, то и не надо вмешиваться* в политические процессы.[163] Конечно, это скорее вызывает вопрос, почему любящий Бог позволил вам получить, а потом злоупотребить такой невероятной и неограниченной властью.

В начале этого письма я упомянул, что хотел спросить вашего мнения как практикующего христианина — во что на самом деле верят христиане, когда говорят о существовании Бога? Это тема, которая глубоко беспокоит меня, когда я наблюдаю, как стороны в украинском конфликте упираются, очевидно, более непримиримо, чем когда-либо, в своих поисках мира, в то время как Бог всего творения, кажется, вполне доволен своим небесным взглядом на человеческую историю. Может быть, мы все-таки сами по себе, и Марк Галеотти правильно выразился в своих последних словах в конце своей краткой истории России: *Путину действительно не стоило шутить с историей. История всегда побеждает.*[164] Давай поговорим об этом в моем следующем письме.

Искренне
Группа мира России и Украины

Письмо 9
Трудное сообщение из Меджугорья

Группа мира России и Украины
Мария за сообщества Ангелус
2 Burringbar Street
Mullumbimby NSW 2482
Австралия

25 октября 2022 г.

Г-н Владимир Путин
Президент Российской Федерации
Администрация Прсзидента
ул. Ильинка, 23
103132, г. Москва
Россия

Уважаемый господин Путин

Поздравляю с 70-летним юбилеем в начале этого месяца — это хороший возраст, учитывая рискованную жизнь, которую вы ведете. Для шпиона и сторонника жутких теорий, вы, безусловно, достигли замечательного результата. Но, как и все мы, вы стареете, и имеете свой срок годности. Вспомните последнюю версию Джеймса Бонда в исполнении Дэниела Крейга — быть может, пришло время умирать. Представьте, сколько жизней вы спасли бы в России и на Украине, если бы просто вырвались из этой бренной оболочки, позволив начать мирные переговоры всерьез, а люди могли бы горевать, не опасаясь прилета артиллерийских снарядов. Сообщается, что сегодня в Меджугорье Мария Богородица сказала, что человечество решило умереть, поэтому смерть близка. Что может мешать вам заявить права на свою вечную награду? Будет ли она соизмерима с тем, что у вас есть сейчас?

Все террористы всех религий считают себя мучениками за правое дело — или как минимум жертвами несправедливости — они надеются получить в следующей жизни то, что ускользнуло от

139

них в этой. Для такого человека, как вы, который может получить все, что только можно пожелать, спустив курок, что еще вы надеетесь получить от Творца всего сущего, когда умрете? Еще одна статуя Владимира в Москве кажется мне менее достойной целью, чем место в пантеоне из акций и тухлых помидоров.

Христиане, более милосердные, чем я, уверяют, что три самые важные вещи в жизни — воздавать хвалу, благодарить и служить. Служить, конечно, значит поддерживать и любить друг друга — особенно своих соседей. Соседи России сообщают, что «Путину нужна наша земля, но не наш народ, поэтому он нас убивает».[165] Как вы ответите на это обвинение перед Богом? Возможно, вы один из тех людей, которые говорят, что Бог не играет никакой роли в истории человечества, поскольку Творец всего сущего просто оставил все это после Большого взрыва. Как бы ни рассеялись частицы Бога, им суждено стать разворачивающейся историей Вселенной. При таком взгляде на творение не так важно, все ли было оставлено на волю случая или ничего, поскольку таков был Божий план с самого начала.

Христиане, конечно, могут ошибаться, и всякая религия может быть плодом человеческого воображения, я указал на такую возможность в предыдущем письме и повторяю это сейчас, на случай, если вы принадлежите к нигилистической школе мысли, которая говорит, что все было предопределено в момент Большого Взрыва, и что человеческая история неизменна и высечена в камне (или в физике элементарных частиц, если угодно). Проблема с теорией неизменной Вселенной состоит в том, что все очень подвижно на субатомном уровне, лихорадочно движется в полной неопределенности — как ваша война на Украине. Подумайте о людях Украины, которые этой зимой будут ложиться спать, не зная, потеряют ли они коммунальные службы или свои жизни в ненадежности сна.

Мария Богородица говорит, что мы можем вести переговоры с Богом и изменять законы природы и, следовательно, ход человеческой истории. Достоверно сообщается, что во время одного из своих первых явлений в Меджугорье в 1981 году Пресвятая Богородица сказала шести молодым провидцам: «...с помощью молитвы и поста вы можете предотвратить войну;

можно приостановить действие законов природы».[166] Никто из нас не безнадежен — в том числе религиозные террористы — и с Божьей благодатью мы все способны изменить курс. Даже если «человечество решило умереть», согласно христианству это не будет концом человеческой истории — наши лучшие дни впереди.

Вы помните из моего первого письма, что Мария сказала нечто похожее на «человечество решило умереть», когда вы начали войну с Украиной. Ее слова 25 февраля 2022 года были: «Сатана посетил землю». Оба утверждения противоречивы, поскольку они ставят под сомнение нашу ответственность за то, что мы в малой степени или совсем не можем контролировать. Действительно, пришествие Сатаны на землю на самом деле более проблематично, чем решение человечества умерсть, в том смысле, что мы не в состоянии увидеть и понять дела дьявола. При том, что мы можем наблюдать, например, антропогенное изменение климата как один из способов, которым человечество решило убить себя, мы по-прежнему блуждаем в темноте и придумываем собственные истории о делах дьявола.

Американская писательница и миссионерка в Сибири Мэри Клоска объясняет в своей книге *«Сердце, застывшее в глуши»*, что произошло после того, как демон, которого она называет атеистическим коммунизмом, был изгнан из России в 1991 году. Не по вине русского народа в страну проникло множество других демонов, чтобы заполнить пустоту, образовавшуюся после ухода марксистов-ленинцев. Мэри Клоска работала в отдаленных деревнях России, где она видела беспредельное пьянство, порнографию на рекламных щитах, проституток на улицах и детей, брошенных на произвол судьбы. Она цитирует библейскую историю (Мф 12:43) о нечистом духе, который скитается по миру в поисках покоя и, не находя его, вспоминает знакомый ему дом. Дом по-прежнему пуст, поэтому нечистый дух возвращается с семью другими духами, еще более злыми, чем он сам.[167]

Наши знания о Сатане ограничены библейскими историями, которые могут быть правдой в буквальном смысле, а могут и не быть. Если я говорю, что Владимир Путин — воплощение дьявола, люди понимают, что в широком смысле бомбардировки Украины выглядят как дело рук дьявола. Но на самом деле мы не способны понять идею нечистых духов, блуждающих в физическом мире, который мы знаем и любим. С другой стороны, императив «человечество решило умереть» постижим, понятен и шокирует. Некоторые люди также сказали бы, что он выражает бесчувственность и безразличие, и вряд ли мог бы быть правдой, если спросить каждого человека.

Многие из нас решили не умирать, а вместо этого надеяться, молиться и с нетерпением ждать обещанного изменения сердец человеческих — то есть триумфа Марии над злом, не меньше. Можно с уверенностью сказать, что мы не собираемся разочаровываться и, подобно народу Украины, не желаем отказываться от своего права первородства даже перед лицом дьявольского зла.

Для справки, даже предположение о том, что «человечество решило умереть» в связи с антропогенным глобальным потеплением, проблематично, если принять во внимание непропорциональный углеродный след человека в бедных странах по сравнению с развитыми странами. Недавний отчет Oxfam показал, что влияние олигархов и миллиардеров на изменение климата более чем в миллион раз выше, чем у среднего человека.[168] Даже средний человек в развитых странах потребляет слишком много, оставляя антропогенный углеродный след, который приведет нас на грань вымирания, если продолжать следовать нашей нынешней траектории.

Ученые говорят нам, что даже при существующих уровнях совокупного глобального потребления мы уже превышаем экологическую емкость нашей планеты примерно на 60 процентов каждый год... Чтобы понять, насколько чрезмерным является это чрезмерное потребление, если бы мы все жили как средний гражданин страны со средним высоким уровнем дохода, нам потребовалась бы экологическая емкость, эквивалентная 3,4 Земли.[169]

2022 год – это не просто 70-й год вашей жизни и год, когда вы решили порезвиться в Украине, но также и год, когда Нобелевская премия по физике была присуждена трем ученым за их работу по развитию теории Эйнштейна о запутанных частицах в квантовой механике — о необъяснимом воздействии на расстоянии.[170] Вы хотели бы получить то, что даст возможность контролировать вещи одновременно на противоположных сторонах вселенной и на задворках своих соседей. Возможно, однажды мы узнаем, что эффект запутанных частиц — это то, как Сатана способен действовать как в физическом, так и в духовном мире.

В то же время, все, что я действительно знаю о Сатане, ограничивается правами на присвоение этого имени ракете «Сармат», которая, как вы хвастаетесь, своими многочисленными ядерными боеголовками может уничтожить Украину одним большим взрывом. Если вы запустите ее, историки назовут вас величайшим преступником специальных военых операций всех времен, а это звание звучит не так, как, например, Владимир Великий. По этой причине я был рад увидеть в местных новостях сообщения о том, что буквально на этой неделе вы проинформировали форум в Москве об отсутствии планов применения ядерного оружия. *Смысла в этом нет ни политического, ни военного.*[171] За вас можно порадоваться! Продолжайте в том же духе и подумайте над разумной дискуссией о мире.

Искренне
Группа мира России и Украины

Письмо 10
Божественное право диктаторов и олигархов

Группа мира России и Украины
Мария за сообщества Ангелус
2 Burringbar Street
Mullumbimby NSW 2482
Австралия

25 ноября 2022 г.

Г-н Владимир Путин
Президент Российской Федерации
Администрация Президента
ул. Ильинка, 23
103132, г. Москва
Россия

Уважаемый господин Путин

Хотя мне не хочется продолжать похоронную тему моего последнего письма, похоже, Мария снова подняла вопрос о выборе смерти в своем ежемесячном послании миру в Меджугорье, хотя на этот раз, к счастью, противопоставляя ему выбор любви и надежды. Кроме того, так уж получилось, что несколько дней назад мне попалась книга британского журналиста Джона Суини *«Убийца в Кремле»*, «взрывной репортаж» о вашем «царстве террора», согласно аннотации на обложке. Список людей, которых, как утверждает автор, по вашему приказу избивали, отравляли, наказывали или доводили до смерти, захватывает дух — не говоря уже о тех, кто погиб в ваших войнах. Непросто будет вести переговоры о перемирии, говорит Суини, *с армией, которая запускает ракеты по многоквартирным домам, убивает мирных жителей, насилует беззащитных женщин и грабит дома людей.*[172]

В конце своей книги британский журналист отмечает, что вы совершили ту же ошибку, что и последний царь Романов, Николай II, который безнадежно переоценил мощь русской армии и

144

готовность ее «крепостных солдат» умирать за непонятные им цели. Как я понял из этой книги, вы верите, что сражаетесь за правое и справедливое дело и что после смерти вам суждено попасть в Рай. Возможно, как и Романовы, вы будете канонизированы Русской Православной Церковью. Удачи с этим! Суини не так оптимистичен.

Я предсказываю, что Владимиру Путину недолго осталось быть в этом мире. Российские резервы поддерживают рубль, но когда западные санкции ударят в полную силу, российская экономика рухнет, и тогда российский народ снова поднимется. Или один из его генералов может потянуться за револьвером. Или один из его врачей может позаботиться о том, чтобы он никогда не проснулся после операции. Или он может умереть от опухоли, вызванной слишком большим количеством стероидов...Возможное принятие Путиным яда было бы подходящим финалом в духе Шекспира.[173]

Для тех из нас на Западе, кто несет на себе печать христианства (или зверя, если хотите), мы также испытываем некоторый дискомфорт в связи с убийством царя Николая II и его семьи большевиками в 1918 году, после чего они были реабилитированы как святые в 2000 году, совпав с вашим звездным появлением на вершине российского политического древа. Как отметила Кэтрин Белтон в своей книге *«Люди Путина»*, странно, что *офицер КГБ, всю свою карьеру служивший государству, объявившему православную церковь вне закона, стал бы исповедовать религиозную веру.* Белтон, бывший московский корреспондент *Файнэншл Таймс*, очень точно охарактеризовала вашу религиозность.

С самого начала [Путин и его люди из КГБ] искали новую национальную идентичность. Догматы Православной Церкви представляли собой мощный объединяющий символ веры, уходящий за пределы советской эпохи до дней империалистического прошлого России и говорящий о великой жертве, страданиях и терпении русского народа... По словам

*одного олигарха, который скептически отнесся к всплеску
религиозных убеждений, это было удобно для того, чтобы
снова сделать из русских крепостных и оставить их в
средневековье, чтобы царь Путин мог править с абсолютной
властью.*[174]

Главным источником информации Кэтрин Белтон для ее
книги был ваш бывший банкир и православный верующий Сергей
Пугачев, живущий в изгнании во Франции. Этот олигарх
рассказал увлекательную историю о том, как вы вдвоем пошли в
церковь в Прощеное воскресенье — последнее воскресенье перед
православным постом. Пугачев сказал вам пасть ниц перед
священником, как это принято, и просить прощения. *«Он
посмотрел на меня с удивлением. Зачем это? — сказал он. — Я
президент Российской Федерации. Зачем мне просить прощения?»*
Пугачев нашел вам духовника и наставил в тонкостях
православной веры — хотя и не без последующих сожалений. *«Я
бы никогда не познакомил Путина с Церковью, если бы знал, чем
все это кончится».*[175]

Если у вас есть хоть какая-то вера в Бога любящего, у вас не
будет другого выбора, кроме как делать то, что вы считаете
наиболее неприятным — просить прощения. Вы можете вернуться
к 21 февраля этого года, когда вы ложно утверждали, что
Луганская и Донецкая области Украины являются частью России,
и поэтому вы больше не связаны Минскими соглашениями.
Большая ложь номер один. Всего через три дня вы вторглись в
Украину на основе этой лжи, утверждая, что неонацисты и НАТО
представляют угрозу для России. Большая ложь номер два.
Неонацисты в Украине всегда были плодом вашего воображения
— точно так же, как заводы по производству биологического и
химического оружия, якобы спонсируемые Соединенными
Штатами. А Большая Ложь номер три заключалась в том, что
Запорожье и Херсон —как Луганск и Донецк — на самом деле
русские анклавы в Украине, которые жаждут воссоединения с
Мамой Россией. Каждое из этих трех ложных заявлений ждут
вашего смиренного извинения.

Пожалуй, лучший способ показать свое раскаяние — вообще уйти из четырех областей Украины. Во время церемонии подписания «договора» о незаконном присоединении четырех областей вы объявили, что граждане Украины, по воле судьбы проживающие в этих областях, отныне являются гражданами России «навсегда». В случае с Херсоном «навсегда» длилось всего несколько недель. Российские солдаты покинули город под давлением украинской армии. Проглотите эту пилюлю, говорю я вам, и выведите войска из Запорожья, Луганска и Донецка, и тогда можно будет законно просить мира.

Кроме того, мирному процессу очень помогло бы, если бы вы прекратили бредить и разглагольствовать о злобном Западе и наших извращениях. Поверьте мне, мы не хуже и не лучше россиян, когда дело касается наших моральных, сексуальных или духовных склонностей. У нас нет причин причинять вред или неудовольствие русскому народу. Наоборот, мы хотели бы видеть мир и процветание для всех. Но вы упорно клевещете на нас и подрываете наши усилия по вхождению России в мировое сообщество — которое будет полезно как для нас, так и для русского народа.

Между тем Запад продолжает искать новую возможность нанести нам удар, ослабить и раздробить Россию, о чем они всегда мечтали, разделить наше государство и натравить наши народы друг на друга, обречь их на нищету и вымирание. Они не могут успокоиться, зная, что в мире есть такая великая страна с такой огромной территорией, со своими природными богатствами, ресурсами и людьми, которые не могут и не будут выполнять чужие приказы...Все, что мы слышим, это [что] Запад настаивает на порядке, основанном на правилах. Откуда это пришло? Кто вообще видел эти правила? Кто их утвердил? Это просто бред, полный обман, двойные стандарты, а то и тройные стандарты! Они, наверное, думают, что мы глупые![176]

Нет, мы не думаем, что русские дураки, но у нас есть свои опасения на ваш счет. Порядок, основанный на правилах, который вас так беспокоит — это тот порядок, который Россия утвердила своей подписью, когда в 1945 году стала постоянным членом Совета Безопасности ООН. Если вы продолжите игнорировать правила, калеча и убивая народ Украины, то вы не удивитесь, узнав, что многие члены ООН задаются вопросом, почему вы должны продолжать играть какую-либо роль в обеспечении безопасности государств.

Буквально два дня назад Европарламент объявил Россию государством-спонсором терроризма за преднамеренные теракты и зверства в Украине, нарушающие права человека и международное гуманитарное право — законы, о которых вы, преследуя свои цели, говорите, будто никогда их не видели. За резолюцию парламента проголосовали 494 депутата, против было 58 и 44 воздержались. В отличие от ваших референдумов в Донецкой, Луганской, Запорожской и Херсонской областях Украины голосование было честным и прозрачным — никаких угроз под дулом пистолета. Поздравляем вас с присоединением к другим закрытым сообществам несвободного мира, включая Северную Корею и Иран. Ваше шествие к Международному уголовному суду в Гааге так же предсказуемо, как и ваше поражение на полях сражений в Украине, если вы продолжите игнорировать возможности попросить мира.

Завтра в Украине ежегодный день памяти семи миллионов человек, погибших во время сталинского Голодомора — всего 90 лет назад. Сталин стремился заменить украинские фермы и села государственными колхозами, которые кормили Россию и Запад. Когда украинцы умерли от голода, Сталин заселил их страну русскими. Я полагаю, вы пытаетесь сделать то же самое сегодня, за исключением того, что вы используете артиллерийские и ракетные удары по украинской инфраструктуре вместо того, чтобы отбирать еду для достижения своих беспощадных целей.

Если бы я знал языки, использующие кириллицу, я мог бы предложить новые слова и фразы для описания ваших недавних деяний в Украине. В английском языке на ум приходит «убийство путем замораживания», когда вы пытаетесь вывести из строя украинскую электросеть этой зимой. Или «убийство радиацией» оккупантов и местных жителей вблизи Запорожской АЭС. Или «убийство путем миграции» для семи миллионов украинцев, которых вы отправили в изгнание в Европу. Или «медицинское убийство» для раненых и умирающих, которые обращаются за помощью в больницы, которые вы бомбите.

В День памяти жертв Голодомора потратьте некоторое время на чтение эссе Андрея Колесникова под названием «Сталинская фаза Путина» в журнале *Международные отношения* за этот месяц.[177] Если вы не найдете каких-то параллелей между усатым монстром и собой, то, на мой взгляд, вам нужно прочесть ее еще раз, медленнее. Даст Бог, вы также можете найти какие-то новые причины, чтобы рассмотреть вариант мира, хотя, как и британский журналист Джон Суини, я боюсь, что у вас уже заканчивается взлетно-посадочная полоса.

Искренне
Группа мира России и Украины

Письмо 11
Второй зимой всеобщего недовольства

Группа мира России и Украины
Мария за сообщества Ангелус
2 Burringbar Street
Mullumbimby NSW 2482
Австралия

25 декабря 2022 г.

Г-н Владимир Путин
Президент Российской Федерации
Администрация Президента
ул. Ильинка, 23
103132, г. Москва
Россия

Уважаемый господин Путин

Я вижу, что сегодняшняя годовщина рождения Иисуса по григорианскому календарю отмечалась в Херсонской области Украины, когда одно из ваших армейских подразделений окапывалось после артиллерийского обстрела с российской стороны. Согласно сообщению, солдаты российского 1-го армейского корпуса были ошибочно обстреляны собственной артиллерией, как некое поедающее само себя мифическое чудовище, пытающееся спрятаться на украденной земле. Точно так же в Донбассе российские войска подвергаются обстрелам как российской, так и украинской артиллерии. В свете ваших предыдущих замечаний о том, что «Святая Русь» — это один народ, выражение «огонь по своим» приобретает совершенно новый смысл. Жалко тех, кто бессмысленно умирает на этой земле — будь то от рук русских или украинцев.

Согласно достоверным сообщениям, 100 000 российских солдат погибли или умирают в результате конфликта, и такое же количество убито или покалечено в Украине. Опрос, проведенный Федеральной службой охраны РФ, показывает, что 75% россиян в настоящее время выступают против того, чтобы российские войска оставались в Украине.[178] До «специальная военная операция» только 11% россиян считали народ Украины своим врагом. Неудивительно — благодаря вашим весьма успешным пропагандистским кампаниям — русские люди сегодня ошеломлены и сбиты с толку, не понимая, почему их близкие умирают в Украине.

Мне кажется, что поддержка вашей войны с соседями очень невелика — и не только в России. У Европы другие планы в отношении нефти и газа; западные санкции начали кусаться; ваши ложные заявления о «денацификации» признаны подстрекательством к совершению геноцида; и доказательством является увеличение массовых убийств, пыток и изнасилований мирных жителей российскими солдатами. По оценкам украинской прокуратуры насчитывается более 60 000 предполагаемых военных преступлений, совершенных вашими оккупационными силами. Возможно, единственное место, где поддержка войны остается неизменной, — это Конгресс США, где только что были одобрены дополнительные 45 миллиардов долларов США для помощи украинскому народу — в дополнение к 68 миллиардам долларов США, уже утвержденным и распределенным в основном в виде военной помощи.

Борьба Соединенных Штатов за свободу, демократию и защиту прав человека и либеральных ценностей не являются чем-то новым, как вы могли бы знать из своих исследований истории России. Когда Гитлер напал на своего бывшего союзника, Россию, в 1940-х годах, Соединенные Штаты пришли на помощь Советскому Союзу с пакетом на сумму 180 миллиардов долларов США в сегодняшних деньгах. Помощь Украине меркнет по сравнению с поддержкой Западом России в Великой Отечественной войне — цифры поражают:

- 400 000 джипов и грузовиков

- 14 000 самолетов

- 8000 тракторов

- 13 000 танков

- 1,5 миллиона одеял

- 15 миллионов пар армейских ботинок

- 107 000 тонн хлопка

- 2,7 млн тонн нефтепродуктов

- 4,5 миллиона тонн еды [179]

Если вы склонны думать, что поддержка Украины со временем уменьшится, то история против вас. США оказывают военную и финансовую поддержку своим друзьям и союзникам как минимум со времен Первой мировой войны — задолго до официального объявления войны Германской империи 6 апреля 1917 года. На Западе не жалеют никаких денег для победы над тиранией и автократией. Например, США и их союзники потратили в десять раз больше на войну в Афганистане, чем было потрачено до сих пор в Украине. Помните, что война, которую Россия проиграла в Афганистане, в значительной степени способствовала распаду Советского Союза, в то время как финансовые потери союзников по сравнению с этим были мелочью на карманные расходы. Имея в своем распоряжении столько денег, Запад всегда будет повышать военные расходы. Сегодняшнее решение отправить американские, немецкие и британские танки для защиты Украины неизбежно приведет к завтрашнему решению отправить ракеты дальнего действия, серьезно вооруженные беспилотники и истребители.

Кстати, я недавно получил в подарок на Рождество новую книгу Михаила Ходорковского *Загадка России*, и это великолепное чтение. Особенно меня удивил анализ того, как вы превратили российское государство в совместное преступное предприятие, состоящее из спецслужб, правительства и русской мафии. В новогоднюю ночь 1999 года вы появились в полночь на национальном телевидении в роли исполняющего обязанности Президента Российской Федерации, вас представил Борис Ельцин. Ельцин охарактеризовал вас как *сильного человека, достойного стать президентом*. Со своей стороны, вы заверили русский народ, что под вашим руководством не будет вакуума власти.

Свобода слова, свобода совести, свобода средств массовой информации, права собственности – эти основополагающие элементы цивилизованного общества будут надежно защищены государством. Россия сделала бесповоротный выбор в пользу демократии и реформ, и мы продолжим преследовать эти цели... В Новый год, как известно, сбываются мечты, а в этом году [1999] уж тем более.

Через день-два вы были на торжественном приеме (Ходорковский называл его «балом тайной полиции») в штабе Федеральной службы безопасности (ФСБ) — внебрачного ребенка КГБ — на Лубянке, где вы подняли тост за своих бывших коллег: *Я хочу доложить, что группа сотрудников ФСБ, направленная в командировку для работы под прикрытием в правительство, на первом этапе со своими задачами справляется!*[180] Далее в книге объясняется, что ФСБ *искала примирения с криминальным миром* в первые демократические годы Горбачева и Ельцина, взяв на себя *роль посредника между бандитами, бизнесменами и городскими бюрократами, часто при содействии сотрудников КГБ, работающих во всех трех лагерях.* План Путина и КГБ состоял в том, чтобы сохранить коррумпированный статус-кво и таким образом противостоять наступлению открытости, демократии и свободы.

В Санкт-Петербурге [коррупционная] схема была институционализирована. Мэр Анатолий Собчак поручил Путину, который тогда был заместителем председателя правительства Санкт-Петербурга, работать с преступным миром города. Роль Путина заключалась в том, чтобы привлечь на свою сторону авторитетов организованной преступности и тем самым свести к минимуму вспышки насилия и беспорядки. Взамен каждый получал долю прибыли от разгула вымогательства, рэкета, проституции и наркотиков.

Ходорковский рассказал, что чем дольше вы оставались на посту президента Российской Федерации, тем больше ваших бывших коллег из спецслужб появлялось в деловых и политических рядах России. Авторитетный Центр изучения элиты в Москве опубликовал отчет в 2006 году, в котором указывается, что 78 процентов высших политических и квазигосударственных должностей в России занимают люди, чья карьера связана с их прошлой службой в КГБ или его правопреемниках и родственных организациях.[181] Оглядываясь назад, можно сказать, что у тайной полиции был очень маленький генофонд, чтобы найти компетентных людей для управления страной размером с Россию.

Несколько слов, если позволите, в конце этого письма о расколе между Русской Православной Церковью и Украинской Православной Церковью, повлекшем за собой празднование Рождества Христова в Украине 25 декабря вместо 6 января, годовщины рождения Иисуса по юлианскому календарю. На мой взгляд, между этими датами нет принципиальной разницы. Но я был удивлен, увидев слезы радости в Киеве, когда украинцы сегодня смогли праздновать Рождество, освободившись от бремени идеи патриарха Кирилла о том, что рождение и смерть Иисуса могут в каком-либо нравственном смысле прислуживать тиранической военной машине. Называя ваш режим «чудом Божьим», Кирилл подорвал доверие не только к себе, но и к Русской Православной Церкви.

Я с нетерпением жду вашего новогоднего обращения на следующей неделе, события, которое, вероятно, напомнит о вашем первом обращении к нации накануне Нового года в 1999 году. Зрители российского ТВ ожидали в том году увидеть в полночь Бориса Ельцина, а вместо него увидели, как *маленький незнакомый мужчина в плохо сидящем костюме сидит перед украшенной рождественской елкой и пытается выглядеть президентом*.[182] Интересно, собираетесь ли вы в 2023 году переформулировать свой список свобод 1999 года, которые необходимо сохранить в России? И будете ли вы вновь утверждать перед русским народом основные элементы цивилизованного общества?

Надо сказать, что вы сильно разочаровали тех из нас, кто поверил тому, что вы сказали в 1999 году. Но факты остаются фактами: права и свободы человека имеют первостепенное значение в цивилизованном обществе; каждая человеческая жизнь отражает тайну Божию; наше выживание как вида зависит от нашей совместной работы по защите друг друга и окружающей среды; а война бесполезна и непредсказуема, хотя и совершенно необходима в ответ на фашистские претензии на безграничную власть и несправедливое самообогащение за счет людей и планеты.

Вы успешно разрушили основанный на правилах порядок, правосудие и справедливость в России, разложив судебную и избирательную систему насилием и запугиванием, и теперь вы стремитесь распространить сферу своего влияния на своих демократических соседей, единственной провокацией которых было стремление к суверенному праву на защиту от ваших вооруженных сил. Россия имеет сухопутные и узкие морские границы с 16 отдельными странами и двумя отколовшимися государствами и гордится своей историей объявления войны всем им в то или иное время, за исключением, возможно, Норвегии. Поэтому неудивительно, что во время второй зимы нашего недовольства вашим большевистским поведением на Украине свободный мир решил провести черту на снегу к востоку от реки Донец в защиту демократии, свободы и права жить в мире и достоинстве.

Искренне
Группа мира России и Украины

Письмо 12
Духовное возрождение России и мир во всем мире?

Группа мира России и Украины
Мария за сообщества Ангелус
2 Burringbar Street
Mullumbimby NSW 2482
Австралия

25 января 2023 г.

Г-н Владимир Путин
Президент Российской Федерации
Администрация Президента
ул. Ильинка, 23
103132, г. Москва
Россия

Уважаемый господин Путин

Я был разочарован в начале этого месяца — точнее, в первый день года — когда вы не подкрепили свою новогоднюю резолюцию 1999 года заявлением президента о том, что российское государство будет и дальше твердо стоять на защите *всех основополагающих элементов цивилизованного общества*. Вместо этого вы стояли с группой молодых русских солдат, которые смотрели в бездну, пока вы говорили, что судьба России зависит от победы на Украине. Наоборот, судьба России зависит от милости Божией, по моему скромному мнению, и не в природе Бога вознаграждать преступное поведение. Для неверующих судьба России может зависеть от того, что президент США Франклин Рузвельт и дипломат Жан Монне («Отец Европы») вместе назвали в первые дни Второй мировой войны «арсеналом демократии».

6 января вы праздновали рождение Иисуса, неоднократно крестясь в Благовещенском соборе Кремля, в обществе четырех русских православных священников, совершавших обряды для одного прихожанина. Надо сказать, вы выглядели довольно

изолированным и незаинтересованным, когда должны были прославлять новую жизнь и рождение христианства. Вы бы получили больше удовольствия, наблюдая за фантастическими звездами российского и белорусского тенниса, играющими под белым флагом мира в преддверии Открытого чемпионата Австралии.

В моем письме от прошлого июня — написанного в годовщину явлений Меджугорья — я сообщил вам, что Папа Бенедикт XVI учредил комиссию по расследованию явлений Марии в Боснии и Герцеговине в соответствии со своей верой в то, что ни человечество, ни мир не могут быть спасены, если Бог вновь не явится в убедительной форме. Это убеждение бывшего папы соответствует недавним посланиям Марии в Меджугорье о том, что человечество движется к гибели. Бенедикт покинул этот бренный мир чуть более трех недель назад, в последний день 2022 года, так и не узнав о физическом доказательстве существования Бога. Его расследование феномена Меджугорья (комиссией кардинала Руини) действительно сообщило о вероятной сверхъестественной природе явлений и правдивости сообщений, но ограничило свои выводы первыми семью днями необычных событий в июне 1981 года — не учитывая 40 с лишним лет посланий и явлений, которые, по словам верующих, продолжаются и по сей день.

Всего две недели назад, сразу после смерти Бенедикта XVI, австралийский кардинал Джордж Пелл также распрощался со своим земным существованием, произведя еще один фурор в христианстве, посмертно раскритиковав понтификат Папы Франциска. Джордж из могилы описал, как должен действовать следующий папа: *восстановить нормальность, восстановить доктринальную ясность в вере и морали, восстановить должное уважение к закону и обеспечить, чтобы первым критерием для назначения епископов было принятие ими апостольского предания.*[183] По иронии судьбы, Джордж был бы первым, кто призвал бы к увольнению любого другого епископа, попытавшегося таким образом подорвать авторитет действующего понтифика. И, конечно же, христианство в современном мире не может быть спасено возвратом к прошлому, так же как Россия не может оградить себя от демократического просвещения, стремясь повернуть время вспять и вернуть землю «Святой Руси».

Во время похорон в соборе Святой Марии в Сиднее у Джорджа Пелла были свои критики. В основном они стояли на плитах у главного входа в церковь и скандировали *«Джордж Пелл иди к черту»*. А внутри церкви большинство из нас, участвовавших в заупокойной мессе по кардиналу, славили Бога за жизнь Джорджа и благодарили Высокий суд Австралии за то, что он снял с него обвинения в сексуальном насилии над детьми. Одним из восхвалителей был бывший премьер-министр Тони Эбботт, который, как вы помните, пообещал «взять вас за грудки» на встрече «Большой двадцатки» в Брисбене в 2014 году после того, как российская артиллерия сбила самолет малазийских авиалиний, следовавший рейсом MH17 над Украиной, убив 298 человек, в том числе 38 австралийцев. Только на этой неделе международная группа расследователей, изучавшая дело о крушении рейса MH17, решила, что, хотя нет никаких доказательств того, что вы непосредственно приказали сбить самолет, вы действительно одобрили отправку в Украину ракетной установки «Бук», ответственной за эту трагедию.

Как и большинство из нас, вы, вероятно, с возрастом все больше думаете о загробной жизни и даже о том, возможно ли неограниченное наказание для ограниченных человеческих существ на фоне тех несправедливостей, которые вы причинили людям России и Украины. Если это так, вам будет приятно узнать, что Джордж Пелл сказал философу и атеисту Ричарду Докинзу по национальному телевидению в Австралии, что, хотя католическая церковь учит, что есть место, называемое адом, на самом деле она не учит, что там кто-то.[184] Стоит проверить это представление об аде у Патриарха Кирилла. Иисус провозгласил, что он *«пошлет ангелов своих, и соберут... всех делающих беззаконие, и бросят в печь огненную»*.[185] Это заставило бы меня нервничать, будь я на вашем месте.

В сегодняшних посланиях из Меджугорья Мария снова говорит, что обещания, которые она дала нам в городе Фатима, будут выполнены при ее явлениях в Меджугорье. Тем не менее, духовное возрождение России не может быть свершившимся фактом, если верные не внесут свою лепту: «*Помолитесь со мной, чтобы то, что я начала в Фатиме, осуществилось здесь [в Меджугорье]*».[186] Я считаю, что понятие «верные» охватывает верующих в Бога Авраама и пророков; верующих в некую великодушную Иную Реальность; и всех людей доброй воли. Если Бог существует и был проявлен в Иисусе Христе, вполне вероятно, что его земная мать готова ходатайствовать за человечество по доброте душевной — как она поступила в день Благовещения, когда согласилась участвовать в спасении человечества. Поскольку вы являетесь практикующим христианином и активным членом Русской Православной Церкви, мне нравится думать, что вы все еще верите в Бога всего творения и в особое место Марии в человечестве даже несмотря на то, что ваше «особое операцию» против ваших соседей в Украине можно охарактеризовать только как мерзость христианской веры и практики.

Проблема здесь, конечно, в том, что наши убеждения направляют наши действия, и поэтому ваша христианская вера, должно быть, включает в себя убежденность в том, что Бог хочет от вас, чтобы вы взрывали своих ближних. В этом смысле вы ничем не отличаетесь от террористов-смертников, которых вы осуждаете в Сирии и Чечне, мучеников за неразумное и иррациональное дело. Если вы верите, что Творец всего сущего ищет партнеров в совместном преступном предприятии по убийствам и увечьям, то этим вы лишь выставляете на всеобщее обозрение свое происхождение из КГБ — бредовое мышление в больших масштабах. Михаил Ходорковский говорит, что вы верите в моральное превосходство России над Западом и ее *божественную миссию по спасению мира*.[187] На самом деле ваша миссия скорее поможет разрушить мир, чем спасти его, что ставит вас в прямой конфликт с *единым Богом, направляющим ход всей истории*, цитируя покойного Папу Бенедикта XVI.[188]

Христианство учит, что Бог стал человеком, чтобы спасти мир, и из этого следует, что мир действительно будет спасен — если исходить из того, что христианство является ответом на проблему человеческого существования, как мы с вами верим (хотя наши действия свидетельствуют об обратном). Если Иисус собирается спасти нас, сейчас самое подходящее время, когда мир, кажется, движется к разрушению окружающей среды, а жизнь, какой мы ее знаем, не может продолжаться. Во время вашего рождественского сольного выступления в Благовещенском соборе Кремля мне напомнили, что «Богоматерь» или «Богородица» руководила христианством на Востоке и Западе еще до рождения Иисуса, так почему бы не сейчас, в храме Меджугорья в Боснии и Герцеговине? Христиане, которых я знаю, без проблем верят, что Мария — пророчица нашего времени, одаренная знанием того, что ее сердце восторжествует.

На свадебном пиру в Кане Мария велела хозяевам, у которых кончилось вино, делать все, что скажет им Иисус, даже против его воли. «Женщина, мое время еще не пришло».[189] Излишне говорить, что нехватка вина меркнет по сравнению с проблемами, стоящими перед современным миром. На ум приходит несколько вещей: недостаточно места для размещения вероятного населения в десять миллиардов человек; крупнейший кризис биоразнообразия за 66 миллионов лет; крупномасштабная вырубка тропических лесов мира; загрязнение мирового океана; и глобальное потепление, вызванное сжиганием ископаемого топлива. Сегодня Мария говорит нам, что человечество идет к гибели, и нам нужно молиться и поститься. Без Бога мы не можем предотвратить катастрофу так же, как хозяева свадебного пира не могли превратить воду в вино 2000 лет назад.

Другие говорят, что многие кризисы, с которыми сталкивается человечество, со временем разрешится сами собой — у нас нет ничего, от чего Бог может спасти нас, кроме страха перед ограничениями нашего коллективного воображения. Инновации наметят новые направления для человечества, заставляя нас искать новые способы выживания и процветания. Это сумасшедшая идея. Ничто уже не безопасно, тем более, что вы решили взяться за свободный мир в Украине - все взрывать, убивать людей и опустошать природу. Каждый день вашей войны приближает нас к тому дню, когда мы больше не сможем полагаться на человеческую изобретательность, чтобы вернуть нас из бездны.

Искренне
Группа мира России и Украины

Письмо 13
Год после начала войны

Группа мира России и Украины
Мария за сообщества Ангелус
2 Burringbar Street
Mullumbimby NSW 2482
Австралия

25 февраля 2023г.

Г-н Владимир Путин
Президент Российской Федерации
Администрация Президента
ул. Ильинка, 23
103132, г. Москва
Россия

Уважаемый господин Путин

С сожалением должен сказать, что это мое последнее письмо после года работы над вашим делом. Община Angelus будет продолжать молиться за ваши намерения —кроме вашего сознательного намерения причинять вред — помня о том, что проблема с молитвами далекому и безмолвному Богу заключается в том, что в конце концов вы задаетесь вопросом, слышит ли кто-то ваши молитвы. Отец моей жены, покойный Владислав Галушка, бежал из Варшавы в 1939 году, когда немцы вторглись в Польшу, затем отправился по суше в Великобританию, где воевал в составе польских ВВС, базировавшихся в Эксетере. После войны эмигрировал в Австралию — самое дальнее место от Европы, которое он мог найти на карте. «Уолли», как называла его австралийская семья, перестал молиться во время бомбардировки Дрездена в феврале 1945 года. Его особенно беспокоило то, что он был частью союзнической миссии из более чем 1200 тяжелых бомбардировщиков, которые без разбора наносили удары по армейским полевым госпиталям, школам и другой гражданской инфраструктуре.

Нечто подобное вы сделали в Мариуполе, сравняв с землей и превратив в пепел и руины элегантный и утонченный город во имя уничтожения нацистов. Кто мог забыть драматический театр, заполненный сотнями женщин и детей, когда ваши бомбардировщики кружили в вышине, прежде чем сбросить свой груз. Во дворе за зданием на земле крупными буквами было написано слово «дети», чтобы русские летчики могли его прочитать, и всё же их бомбы посыпались с неба. Сегодня вы восстанавливаете город, где бродят призраки убитых мариупольцев, навязчиво рассказывая, что нацисты ушли, и теперь жизнь может возобновиться под просвещенной властью российской оккупации, что означает подчинение вашим антиутопическим представлениям о русской истории, завоевании и подавлении прав человека. Тем временем журнал *«Экономист»* за эту неделю сообщает, что российская журналистка Мария Пономаренко была отправлена в колонию строгого режима на шесть лет, получив приговор за «фейковые новости». И в чем же ее преступление? — Она подробно описала ваш авиаудар по мариупольским детям.[190]

Как и бомбардировка Дрездена, разрушение Мариуполя имеет все признаки безнаказанного военного преступления. Вы были бы правы, думая, что международное сообщество прибегло бы к судебному преследованию, если бы что-то подобное произошло на Балканах. Легко потерять веру в любящего Бога перед лицом несправедливого и неравного применения закона — тогда наше горе становится нестерпимым. Однако буквально вчера Организация Объединенных Наций начала долгий процесс реагирования на ваши военные преступления, проголосовав за требование, чтобы вы ушли с Украины. Те из нас на Западе, кто добровольно принял участие в страданиях украинского народа, борются со сравнимой с движением ледников скоростью правосудия в ООН. И нас по-прежнему беспокоит молчание Бога. Даже когда мы молили Марию и святых вступиться перед Богом за жителей Мариуполя, Бог сохранял инкогнито. Большинство выживших теперь присоединились к 16 миллионам украинцев, перемещенным вашими бомбами. Благодарить Бога за спасение их жизней как-то неуважительно по отношению к мертвым.

Во время вашего многословного выступления в Москве на этой неделе Бог был несколько раз упомянут, чтобы порадовать Патриарха Кирилла, который сидел в первом ряду собравшихся делегатов в своей забавной шапке, сияющий всеми признаками хорошей жизни. Кирилл хотя бы не спал, а ваш напарник Дмитрий Медведев, сидевший рядом с патриархом, задремал. Вы обвинили Запад в размещении армейских баз и секретных биологических лабораторий вблизи российских границ, что является своего рода наказанием за оружие массового уничтожения Саддама Хусейна. *Западные элиты стали символом тотальной беспринципной лжи.*[191] Глядя на вашу ошеломленную аудиторию, я не думаю, что кто-то действительно поверил вам. Более правдивой могла бы быть оценка, что земля «Святой Руси» включала в себя Финляндию и Прибалтику, а завоевание Украины — это только начало возрождения старой империи. Медведев наверняка говорил во сне, когда заявил сегодня в социальных сетях, что России, возможно, придется отодвинуть границы враждебных государств, включая Польшу, члена НАТО, для обеспечения прочного мира с Украиной.[192] Истина и реальность, похоже, второстепенны в вашей сфере влияния.

Кремль бесстыден в своей риторике, и никто в путинском окружении не заботится о связности повествования. Это бесстыдство сочетается с беспощадностью к своим. Путин и его коллеги готовы пожертвовать жизнями не только украинцев, но и русских. Они не сомневаются в методах, которые Россия использует для принуждения к участию в войне, от убийства дезертиров кувалдой (с последующим обнародованием видеозаписей убийств) до убийства непокорных бизнесменов, не поддерживающих вторжение. Путин вполне согласен сажать в тюрьму оппозиционеров, прочесывая тюрьмы и самые бедные регионы России, собирая людей для использования в качестве пушечного мяса на передовой.[193]

Для меня остается загадкой, как русский народ может выносить такой уровень варварства, подаваемый как демократическое правительство. Согласно сегодняшнему номеру

«Экономиста» 20 000 россиян были арестованы за протесты против «специальной военной операции», при этом только 20 процентов населения заявили социологам, что поддерживают эту операцию. *Усиливая провоенные голоса и заглушая здравый смысл, Путин добился иллюзии полной поддержки войны.* Глава штаба Алексея Навального Леонид Волков говорит, что вы убедили меньшинство россиян в том, что они представляют большинство.[194]

Я хотел бы потратить оставшееся нам время на описание тени, брошенной на вашу «специальную военную операцию» явлениями Марии в Фатиме в 1917 году и Меджугорье с 1981 года. Это было на третьем из шести месяцев явлений в Фатиме, когда Мария объявила, что Россия будет обращена и миру будет дарован период мира. Были фальстарты в 1941 и 1991 годах, когда Россия считалась обращенной, но без обещанного мира. После того как в 2001 году вы достигли полноты власти, люди осмелились мечтать о том, что страна стоит на пороге свободы и собирается занять достойное место в международном сообществе. Сейчас мирная жизнь более неуловима, чем когда-либо. Даже после года на полях смерти Украины война слишком иррациональна, чтобы думать о ней. По словам британцев, «специальную военную операцию» понять легче, даже учитывая 200 000 потерь русских.

Помимо обращения России (читай «духовного освобождения») и мира во всем мире, стоит вспомнить второе пророчество из явлений в Фатиме: Чудо Солнца 13 октября 1917 года. Как сообщала популярная пресса того времени: *Насколько известно, впервые в письменной истории пророк или провидец попросил всех людей собраться в определенном месте и в определенное время, чтобы стать свидетелями публичного чуда, чтобы доказать, что полученное послание исходит от Бога.*[195] И вот оно, солнце во всей своей красе ведет себя как вращающаяся петарда в полдень в назначенный день, наблюдаемое примерно 150 тысячами человек на Кова-да-Ириа и в деревнях вокруг Фатимы. С тех пор вращающееся солнце Фатимы много раз появлялось в деревне Меджугорье, начиная со 2 августа 1981 года. Сообщается, что на просьбу провидцев объяснить это и другие необычные явления света в деревне и вокруг нее Мария ответила:

Все эти знамения предназначены для укрепления вашей веры до тех пор, пока я не оставлю вам видимое и постоянное знамение.[196]

Только в прошлом месяце я упомянул о сообщениях, что Мария повторила свое обещание завершить в Меджугорье то, что она начала в Фатиме в 1917 году. Многие из нас верят, что в этом пророчестве говорится об уповании на обращение России и начале настоящего мира во всем мире, а также о появлении на горе Подбрдо видимого и постоянного подтверждения того, что Бог есть. В течение последних 40 лет свидетели Меджугорья говорят об обещанном знамении.

Они [свидетели] объяснили, что по словам Богородицы это знамение будет величайшим сверхъестественным явлением в Меджугорье. Они добавили, что этот знак был показан им во время явлений (посредством внутреннего видения). Он навсегда останется на горе, где произошло первое явление. Знак будет виден всем и станет доказательством того, что явления действительно исходят от Бога. Его можно будет сфотографировать, показать по телевидению и увидеть — но не коснуться. Когда их спросили о том, что к нему нельзя будет прикоснуться, провидцы не смогли понять, означает ли это, что к нему будет запрещено прикасаться, или к нему невозможно будет прикоснуться из-за его состава.[197]

Послание этого месяца из Меджугорья посвящено мешковине и пеплу Великого поста, что заставляет меня задаться вопросом, не должно ли уничтожение человечества отойти на второй план, пока мы продолжаем нашу мирскую жизнь, формально соблюдая религиозные обряды, отмеченные в календарях в соответствии с движением луны и звезд. С практической точки зрения мы мало что можем сделать, учитывая наши ограниченные ресурсы и наши ограниченные знания о путях Господних. Папа Бенедикт XVI сказал, что во время Великого поста мы можем возобновить нашу приверженность пути обращения, освобождая место для Бога в нашей жизни. Великий пост — это время молитвы, сказал покойный папа, воздержания, уединения, размышлений о наших грехах и о том, как мы можем искать прощения.[198] Каждый из нас должен изменить направление, чтобы избежать катастрофы.

Мы могли бы встретиться в Меджугорье и обсудить положение в мире, если вы заинтересованы. Я был бы рад показать вам все вокруг, чтобы вы почувствовали это место и могли решить для себя, происходит ли там что-нибудь интересное. На своем личном самолете вы долетите из Москвы в Сараево за пару часов. Если вы беспокоитесь о своей безопасности, я сам могу приехать в Москву с новостями из Меджугорья, только предупредите меня за несколько дней. Я намерен превратить эти письма в книгу на русском и английском языках, чтобы я мог подарить вам подписанный экземпляр. Пожалуйста, пришлите ответное письмо, если захочется — но, пожалуйста, без ракет — и дайте мне знать, можно ли напечатать ваш ответ в качестве приложения к книге.

Пока мы не встретимся лично, будьте здоровы и держитесь подальше от дальнейших неприятностей. Прошу поблагодарить посольство России в Канберре за получение моих писем во время бездействия Почты России. Продолжайте исследовать вариант мира во всем мире — он может быть единственным, что у вас есть. Гораздо лучше мирно состариться на хорошей даче у Черного моря (вероятно, не в Крыму), чем позорно умереть в одной из этих крысиных нор своей молодости.

Искренне
Группа мира России и Украины

Меджугорье Сообщения

25 февраля 2022 г.
Дорогие дети! Я с вами, когда мы молимся вместе. Помоги мне своей молитвой, чтобы сатана потерпел неудачу. Его сила смерти, ненависти и страха посетила Землю. Итак, милые чада, возвратитесь к Богу и молитве, посту и отречению, за всех угнетенных, бедных и не имеющих голоса в этом мире без Бога. Дорогие дети, если вы не вернетесь к Богу и его заповедям, у вас нет будущего. Вот почему он послал меня, чтобы направить вас. Спасибо, что ответили на мой звонок.

25 марта 2022 г.
Дорогие дети! Я слышу твой крик и молитвы о мире. Сатана уже много лет ведет войну. Вот почему Бог послал меня среди вас, чтобы вести вас по пути святости, потому что человечество находится на распутье. Я призываю вас вернуться к Богу и к Божьим заповедям, чтобы вам было хорошо на Земле и выйти из этого кризиса, в который вы вошли, потому что вы не слушаете Бога, который любит вас и хочет спасти вас, и ведет вас к новая жизнь. Спасибо, что ответили на мой звонок.

25 апреля 2022 г.
Дорогие дети! Я смотрю на тебя и вижу, что ты потерян. Вот почему я призываю вас всех: вернитесь к Богу, вернитесь к молитве, и Святой Дух наполнит вас своей любовью, которая дает радость сердцу. В вас возрастет надежда на лучшее будущее, и вы станете радостными свидетелями милости Божией в себе и вокруг себя. Спасибо, что ответили на мой звонок.

25 мая 2022 г.
Дорогие дети! Я смотрю на вас и благодарю Бога за каждого из вас, потому что Он позволяет мне быть с вами до сих пор, чтобы ободрить вас к святости. Мир нарушен, и сатана хочет беспорядков. Посему да будет еще сильнее молитва твоя, чтобы замолчал всякий нечистый дух разделения и брани. Будьте строителями мира и носителями радости Воскресшего в себе и вокруг себя, чтобы в каждом человеке преобладало добро. Спасибо, что ответили на мой звонок.

25 июня 2022 г.
Дорогие дети! Я радуюсь вместе с вами и благодарю вас за каждую жертву и молитву, которую вы проявили для моих намерений. Не

забывайте, что вы важны в моем плане по спасению человечества. Вернитесь к Богу и молитесь, чтобы Святой Дух действовал в вас и через вас. Я с вами даже в эти дни, когда сатана сражается за войну и ненависть. Разделение сильно и зло действует в человеке как никогда прежде. Спасибо, что ответили на мой звонок.

25 июля 2022 г.
Дорогие дети! Я с вами, чтобы вести вас по пути обращения, потому что своей жизнью вы можете приблизить многие души к Моему Сыну. Будьте радостными свидетелями Божьего слова и любви и с надеждой в сердце, которая побеждает всякое зло. Прости тех, кто причинил тебе вред, и следуй путем святости. Я веду вас к Моему Сыну, чтобы Он был вашим путем, вашей истиной и вашей жизнью. Спасибо, что ответили на мой звонок.

25 августа 2022 г.
Дорогие дети! Пусть Бог позволит мне быть с вами и вести вас по пути мира, чтобы через личный мир вы могли построить мир во всем мире. Я с вами и ходатайствую за вас перед Моим Сыном, Иисусом, чтобы дать вам сильную веру и надежду на лучшее будущее, которое Я хочу построить вместе с вами. Будьте смелыми и не бойтесь, потому что Бог с вами. Спасибо, что ответили на мой звонок.

25 сентября 2022 г.
Дорогие дети! Молитесь, чтобы Святой Дух просветил вас, чтобы вы стали радостными искателями Бога и свидетелями безграничной любви. Я с вами, и я снова взываю к вам, чтобы ободриться и стать свидетелем добрых дел, которые Бог совершает в вас и через вас. Будьте радостны в Боге. Делай добро ближнему, чтобы тебе было хорошо на земле, и молись о мире, который находится под угрозой, потому что сатана хочет войны и смуты. Спасибо, что ответили на мой звонок.

25 октября 2022 г.
Дорогие дети! Пусть Всевышний позволит мне быть с вами и быть вашей радостью и надеждой, потому что человечество решило умереть. Вот почему он послал меня, чтобы научить вас тому, что без Бога у вас нет будущего. Будьте инструментами любви для всех тех, кто не встретил Бога любви. Радостно свидетельствуйте о своей вере и не теряйте надежды на изменение человеческого сердца. Я с вами и благословляю вас своим материнским благословением. Спасибо, что ответили на мой звонок.

25 ноября 2022 г.

Дорогие дети! Всевышний послал меня к вам, чтобы научить вас молиться. Молитва открывает сердца и дает надежду, а вера рождается и укрепляется. Я приглашаю вас с любовью вернуться к Богу, потому что Бог — это ваша любовь и надежда. У вас нет будущего, если вы не примете решение в пользу Бога, и именно поэтому я с вами, чтобы направить вас к решению в пользу обращения и жизни, а не смерти. Спасибо, что ответили на мой звонок.

25 декабря 2022 г.

Дорогие дети! Сегодня я приношу вам моего сына, Иисуса, чтобы вы могли быть его миром и отражением бодрости и радости небес. Молитесь, чтобы быть открытыми для обретения мира, ибо многие сердца закрыты для меняющего сердце зова света. Я с вами и молюсь о том, чтобы вы открылись для принятия Царя Мира, который наполняет ваши сердца теплом и благословением. Спасибо, что ответили на мой звонок.

25 января 2023 г.

Дорогие дети! Молитесь со мной о мире, потому что сатана хочет войны и ненависти в сердцах и народах. Так молитесь и жертвуйте дни свои постом и покаянием, чтобы Бог дал вам мир. Будущее находится на распутье, потому что современный человек не хочет Бога. Вот почему человечество движется к гибели. Вы, деточки, моя надежда. Помолитесь со мной, чтобы то, что я начал в Фатиме, осуществилось здесь [в Меджугорье]. Молитесь и свидетельствуйте о мире в своем окружении и будьте людьми мира. Спасибо, что ответили на мой звонок.

25 февраля 2023 г.

Дорогие дети! Повернитесь и облачитесь в одежды покаяния и личной глубокой молитвы и смиренно попросите у Всевышнего мира. В это благословенное время сатана хочет искушать вас; но вы, маленькие дети, продолжайте смотреть на Моего Сына и следуйте за Ним на Голгофу в отречении и посте. Я с вами, потому что Всевышний позволяет мне любить вас и вести вас к радости сердца, возрастая в вере, которая любит Бога превыше всего. Спасибо, что ответили на мой звонок.

25 марта 2023 г.

Дорогие дети! Пусть это время станет для вас временем молитвы.

Endnotes
Конечные примечания

1. Lucia dos Santos, *Fatima in Lucia's own words*, Pastoral Secretariat, Fatima, Portugal, 2018, p124 (the 1917 Fatima prophecy was first published in book form in 1941).

2. Popes John Paul II and Benedict XVI both said that the Fatima prophecies related to past events. See *Prodigal Pilgrim*, En Route Books, p80. Pope John XXIII described the Fatima message as *the world's greatest hope for peace* (ibid. p82).

3. Mirjana Soldo, *My Heart Will Triumph*, CatholicShop Publishing, Cocoa, FL, US, p145.

4. See Mary's monthly messages to the world at https://www.medjugorje.ws/en/messages/ in 31 languages and *Dear Mr Putin* at p81.

5. Sam Harris, *Free Will*, Free Press, New York, NY, USA, 2012, p52.

6. https://churchleaders.com/news/374625-barna-americans-satan-god.html

7. CS Lewis, *The Screwtape Letters*, Time-Life Books Incorporated, Chicago, Il, USA, 1963, pp xxii-xxiii.

8. Catechism of the Catholic Church, Holy See, US Catholic Conference, Washington, DC, 2019, par 394-5.

9. Nick Donnelly, *Who is the Devil: What Pope Francis Says?* CTC Publications, London UK, 2014, p27.

10. Nicholas Sooy, 'The Day the Icon Began to Bleed', *In Communion*, Website of the Orthodox Peace Fellowship, https://incommunion.org/2022/03/14/

11. Media Release, 'Make time to unite with Pope Francis in prayer', Australian Catholic Bishops Conference, Canberra, ACT, Australia, March 18, 2022.

12. Gerard O'Connell, 'Pope Francis: 'World War III has been declared,'' *America Magazine*, June 14, 2022.

13. https://republicworld.com/world-news/russia-ukraine-crisis/russian-orthodox-bishop-kirill-blames-ukraine-war-on-western-culture-and-gay-pride-parades-articleshow.html

14. John Warren, 'The missing piece about Russia and Ukraine', *UCR Magazine*, Riverside, CA, USA, March 9, 2022.

15. https://religiondispatches.org/is-putin-a-real-christian-to-understand-this-conflict-we-need-to-ask-different-questions/

16. Rebekah Koffler, *Putin's Playbook: Russia's Secret Plan to Defeat America*, Wilkinson Publishing, Melbourne, Australia, 2021, p197.

17. Pope Francis, 'Act of Consecration to the Immaculate Heart of Mary', Vatican Basilica, Holy See Press Office, March 25, 2022.

18. Vladimir Putin, Novo-Ogaryovo residence, Russian Presidential Press Service, Moscow, Russia, March 16, 2022. See also https://www.aljazeera.com/news/2022/3/17/scum-and-traitors-vladimir-putin-threatens-anti-war-russians.

19. Mikhail Khodorkovsky, 'No end in sight', *The Economist Vol 442 No 9288*, The Economist Newspaper Limited, London, UK, Mar 19, 2022.

20. Peter Breen, *Prodigal Pilgrim*, En Route Books, St Louis, MO, USA, 2022, p267.

21. Geoffrey Robertson, *Bad People and How to be Rid of Them*, Vintage Books, Melbourne, Australia, 2021, p106.

22. George Grylls, 'Ashamed Russian diplomat hits Putin', *The Australian*, News Limited, Sydney, Australia, May 25, 2022.

23. William Taubman, *Gorbachev: His Life and Times*, Simon & Schuster, London, UK, 2017, p688.

24. Ibid. p691-3.

25. Ibid. p685.

[26] George Weigel, *Witness to Hope: The Biography of Pope John Paul II*, Harper Collins Publishers, New York, NY, USA, 1999, p834.

[27] William Taubman, *Gorbachev: His Life and Times*, Simon & Schuster, London, UK, 2017, p684.

[28] Ibid. p629.

[29] ON, 'A Guide to Medjugorje for Orthodox Christians', http://www.orthodox-medjugorje.com

[30] https://catholicworldreport.com/2017/05/17/medjugorje-the-findings-of-the-ruini-report/

[31] Joseph Cardinal Ratzinger, *Truth and Tolerance: Christian Belief and World Religions*, Ignatius Press, San Francisco, CA, USA, 2003, p142.

[32] Sam Harris, *The End of Faith: Religion, Terror and the Future of Reason*, The Free Press, London, England, UK, 2006, p13.

[33] Joseph Iannuzzi, *The Splendor of Creation*, St Andrew's Productions, McKees Rocks, PA, USA, 2004, p80.

[34] George Orwell, *Fascism and Democracy*, Penguin Books, London, England, UK, 2020, pp34-5.

[35] Editorial, 'Odesa strike jeopardises grain', *The Australian*, News Limited, Sydney, Australia, July 25, 2022.

[36] https://orthodoxtimes.com/patriarch-kirill-of-moscow-described-those-who-recognize-ukrainian-autocephaly-as-forces-of-evil/

[37] https://religiondispatches.org/the-russian-patriarch-just-gave-his-most-dangerous-speech-yet-and-almost-no-one-in-the-west-has-noticed/

[38] Sam Harris, *The End of Faith: Religion, Terror and the Future of Reason*, The Free Press, London, UK, 2006, p85.

[39] https://evenpolitics.com/2022/05/30/who-is-patriarch-kirill-and-why-he-supports-putins-war/

[40] https://archbishopcranmer.com/patriarch-kirill-there-are-no-ukrainians-only-peoples-of-holy-russia/

[41] Mark Galeotti, *A Short History of Russia: How to understand the world's most complex nation*, Ebury Press, London, UK, 2022, p23.

[42] Anna Reid, 'Putin's War on History: The Thousand-Year Struggle Over Ukraine', *Foreign Affairs Magazine*, New York, NY, USA, May/June 2022, p55.

[43] Wayne Weible, *Final Harvest: The Fulfillment of the Apparitions of the Blessed Virgin Mary at Medjugorje*, CMJ Marian Publishers, Oak Lawn, IL 60454, USA, 2002, p57.

[44] https://en.wikipedia.org/wiki/Monument_to_Vladimir_the_Great/

[45] Richard Fidler, *The Golden Maze: A Biography of Prague*, HarperCollins Publishers, Sydney, Australia, 2020, p48.

[46] Mark Galeotti, *A Short History of Russia: How to understand the world's most complex nation*, Ebury Press, London, UK, 2022, p12.

[47] 1 Jn 4:7-10.

[48] https://en.wikipedia.org/wiki/Monument_to_Vladimir_the_Great/

[49] Sergei Chapnin, 'Patriarch Kirill and Vladimir Putin's Two Wars', *Public Orthodoxy*, Orthodox Studies Center, Fordham University, The Bronx, NY, USA, Feb 25, 2022.

[50] Marc Bennetts, 'Last free opposition leader seized', *The Australian*, News Limited, Sydney, Australia, August 25, 2022.

[51] Philip Short, *Putin: His Life and Times*, The Bodley Head, London, UK, 2022, p278.

[52] CS Lewis, *Mere Christianity*, William Collins Publishers, London, UK, 2016 p115.

[53] Ibid. p117.

[54] Ibid. p120.

55 Emmanuel Parisse, 'New mass graves found in Ukraine', *The Australian*, News Limited, Sydney, Australia, September 19, 2022.

56 Philip Short, *Putin: His Life and Times*, The Bodley Head, London, UK, 2022, p453.

57 Mikhail Khodorkovsky, 'Chasing the bear away', *The Economist Vol 444 No 9313*, The Economist Newspaper Limited, London, UK, Sep 17, 2022.

58 http://en.kremlin.ru/events/president/news/67937

59 AFP Report, 'Medvedev Says Donbas 'Referendum' Would Strengthen Moscow's Hand', *Kyiv Post*, September 20, 2022.

60 William Taubman, *Gorbachev: His Life and Times*, Simon & Schuster, London, UK, 2017, p629.

61 Timothy Snyder, 'Ukraine Holds the Future: The War Between Democracy and Nihilism', *Foreign Affairs Magazine*, New York, NY, USA, Sep/Oct 2022, p130.

62 Ibid. p141.

63 Ibid. p128.

64 Catherine Belton (citing Sergei Pugachev), *Putin's People: How the KGB took back Russia and then took on the West*, William Collins Books, London, UK, 2020, p499.

65 Mark Galeotti, *A Short History of Russia: How to understand the world's most complex nation*, Ebury Press, London, UK, 2022, p195.

66 Email to the author from Mary Kloska quoting a Georgian taxi driver, Oct 2022.

67 Bertoncello Artigrafiche, *Medjugorje: A Portfolio of Images*, Alba House Press, New York, NY, USA, 1987, p12.

68 Mary Kloska, *A Heart Frozen in the Wilderness: The Reflections of a Siberian Missionary*, En Route Books, St Louis, MO, USA, 2021, p210.

69 Alex Maitland and Ors, *Carbon Billionaires: The Investment Emissions of the World's Richest People*, Oxfam International, Oxford, England, UK, Oct 2022.

70 Jason Hickel, *The Divide: A Brief Guide to Global Inequality and its Solutions*, William Heinemann Publishers, London, England, UK, 2017, pp276-7.

71 Alain Aspect, John Clauser and Anton Zeilinger were awarded the Nobel Prize in Physics by the Royal Swedish Academy of Sciences at Stockholm in Sweden on Oct 4, 2022.

72 https://9news.com.au/world/russia-ukraine-vladimir-putin-says-kremlin-not-intending-to-use-nuclear-weapons/7ab0234c-cadb-41f9-b8c2-05305c1eb464

73 John Sweeney, *Killer in the Kremlin: The Explosive Account of Putin's Reign of Terror*, Penguin Random House, London, England, UK, 2022, p270.

74 Ibid. p276.

75 Catherine Belton, *Putin's People: How the KGB took back Russia and then took on the West*, William Collins Books, London, England, UK, 2020, p258.

76 Ibid.

77 Vladimir Putin, 'An address at a ceremony for signing the treaties on the accession of the Donetsk, Lugansk, Zaporozhye and Kherson Regions [of Ukraine] to the Russian Federation,' Embassy of the Russian Federation in Australia, October 2022.

78 Andrei Kolesnikov, 'Putin's Stalin Phase: Isolated, Paranoid and Ever More Like the Soviet Dictator', *Foreign Affairs*, New York, NY, USA, Nov/Dec 2022.

79 Marc Bennetts, 'Russians tell Putin 'We want out'', *The Australian*, News Limited, Sydney, Australia, Dec 2, 2022.

80 https://ru.usembassy.gov/world-war-ii-allies-u-s-lend-lease-to-the-soviet-union-1941-45/

81 Mikhail Khodorkovsky, *The Russia Conundrum: How the West fell for Putin's power gambit – and how to fix it*, Penguin Random House, London, UK, 2022, pp62-3.

82 Ibid. pp68-9.

83 Ibid. p62.

84 Frank Brennan, 'Truth, tradition on trial', *The Weekend Australian*, News Limited, Sydney, Australia, February 4-5, 2023.

85 https://youtube.com/watch?v=tD1QHO_AVZA

86 Mt 13:41.

87 See Medjugorje message January 25, 2023, p83.

88 Mikhail Khodorkovsky, *The Russia Conundrum: How the West fell for Putin's power gambit – and how to fix it*, Penguin Random House, London, UK, 2022, p134.

89 Joseph Cardinal Ratzinger, *Truth and Tolerance: Christian Belief and World Religions*, Ignatius Press, San Francisco, CA, USA, 2003, p148.

90 Jn 2:4.

91 Editorial, 'The world this week', *The Economist Vol 446 No 9334*, The Economist Newspaper Limited, London, UK, Feb 18, 2023.

92 https://en.kremlin.ru/events/president/news/70565

93 Andrew Osborn and Caleb Davis, 'Russia's Medvedev floats idea of pushing back Poland borders', *Reuters News*, Thompson Reuters, New York, NY 10036, USA, Feb 24, 2023.

94 Fiona Hill and Angela Stent, 'The Kremlin's Grand Delusions', *Foreign Affairs*, New York, NY, USA, Jan/Feb 2023.

95 Editorial, 'Militarising Russia', *The Economist Vol 446 No 9335*, The Economist Newspaper Limited, London, UK, Feb 25, 2023.

96 Cited in Francis Johnston, *Fatima: The Great Sign*, Augustine Publishing Company, Chulmleigh, Devon, UK, 1980, p53. See also *Prodigal Pilgrim,* 2022, p106.

97 Wayne Weible, *Final Harvest: The Fulfillment of the Apparitions of the Blessed Virgin Mary at Medjugorje*, CMJ Marian Publishers, Oak Lawn, IL 60454, USA, 2002, p31.

98 Ibid.

99 Carmel Niketan, *Springs of Living Water - Carmelite Reflections*, Dhyanavana Publications, Bengaluru 56007, India, Feb 25, 2023.

100 Лючия душ Сантуш, Фатима собственными словами Люсии, Пастырский секретариат, Фатима, Португалия, 2018 г., стр. 124 (фатимское пророчество 1917 г. было впервые опубликовано в виде книги в 1941 г.).

101 Папы Иоанн Павел II и Бенедикт XVI оба сказали, что пророчества Фатимы связаны с прошлыми событиями. См. Блудный Пилигрим, En Route Books, стр. 80. Папа Иоанн XXIII назвал послание Фатимы величайшей надеждой мира на мир (там же, стр. 82).

102 Мирьяна Сольдо, «Мое сердце победит», издательство «Католический магазин», какао, Флорида, США, стр. 145.

103 Ежемесячные сообщения Марии миру на https://www.medjugorje.ws/en/messages/ на 31 языке и Уважаемый господин Путин на стр. 167.

104 Сэм Харрис, Свобода воли, Free Press, Нью-Йорк, США, 2012, стр. 52.

105 https://churchleaders.com/news/374625-barna-americans-satan-god.html

106 К. С. Льюис, Письма о болтовне, Time-Life Books Incorporated, Чикаго, Иллинойс, США, 1963, стр. xxii-xxiii.

107 Катехизис Католической церкви, Святой Престол, Католическая конференция США, Вашингтон, округ Колумбия, 2019 г., пар. 394-5.

108 Ник Доннелли, Кто такой дьявол: что говорит Папа Франциск? Публикации СТС, Лондон, Великобритания, 2014 г., стр. 27.

109 Николас Сой, «День, когда икона начала кровоточить», «В причастии», веб-сайт Православного братства мира, https://incommunion.org/2022/03/14/

110 Пресс-релиз, «Найдите время, чтобы объединиться с Папой Франциском в молитве», Конференция католических епископов Австралии, Канберра, ACT, Австралия, 18 марта 2022 г.

[111] Джерард О'Коннелл, «Папа Франциск: «Третья мировая война объявлена», журнал America, 14 июня 2022 г.

[112] https://republicworld.com/world-news/russia-ukraine-crisis/russian-orthodox-bishop-kirill-blames-ukraine-war-on-western-culture-and-gay-pride-parades-articleshow.html

[113] Джон Уоррен, «Недостающая статья о России и Украине», журнал UCR, Риверсайд, Калифорния, США, 9 марта 2022 г.

[114] https://religiondispatches.org/is-putin-a-real-christian-to-understand-this-conflict-we-need-to-ask-different-questions/

[115] Ребекка Коффлер, Сценарий Путина: секретный план России победить Америку, Wilkinson Publishing, Мельбурн, Австралия, 2021 г., стр. 197.

[116] Папа Франциск, «Акт освящения Непорочного Сердца Марии», Базилика Ватикана, пресс-служба Святого Престола, 25 марта 2022 г.

[117] Владимир Путин, Резиденция Ново-Огарево, Пресс-служба Президента России, Москва, Россия, 16 марта 2022 г. См. также https://www.aljazeera.com/news/2022/3/17/scum-and-traitors-vladimir- путин-угрожает-антивоенным-русским.

[118] Михаил Ходорковский, «Конца не видно», The Economist Vol 442 No 9288, The Economist Newspaper Limited, Лондон, Великобритания, 19 марта 2022 г.

[119] Питер Брин, Блудный пилигрим, En Route Books, Сент-Луис, Миссури, США, 2022 г., стр. 267.

[120] Джеффри Робертсон, Плохие люди и как от них избавиться, Vintage Books, Мельбурн, Австралия, 2021 г., стр. 106.

[121] Джордж Гриллс, «Пристыженный российский дипломат бьет Путина», The Australian, News Limited, Сидней, Австралия, 25 мая 2022 г.

[122] Уильям Таубман, Горбачев: его жизнь и времена, Simon & Schuster, Лондон, Великобритания, 2017 г., стр. 688.

[123] Там же. стр. 691-3.

[124] Там же. p685.

[125] Джордж Вайгель, Свидетель надежды: биография Папы Иоанна Павла II, издательство Harper Collins Publishers, Нью-Йорк, США, 1999, стр. 834.

[126] Уильям Таубман, Горбачев: его жизнь и времена, Simon & Schuster, Лондон, Великобритания, 2017 г., стр. 684.

[127] Там же. p629.

[128] ON, «Путеводитель по Меджугорью для православных христиан», http://orthodoxmedjugorje.com

[129] https://catholicworldreport.com/2017/05/17/medjugorje-the-findings-of-the-ruini-report/

[130] Кардинал Джозеф Ратцингер, «Истина и терпимость: христианская вера и мировые религии», Ignatius Press, Сан-Франциско, Калифорния, США, 2003 г., стр. 142.

[131] Сэм Харрис, Конец веры: религия, террор и будущее разума, The Free Press, Лондон, Англия, Великобритания, 2006 г., стр. 13.

[132] Джозеф Яннуцци, The Splendor of Creation, St Andrew's Productions, McKees Rocks, PA, USA, 2004, стр. 80.

[133] Джордж Оруэлл, Фашизм и демократия, Penguin Books, Лондон, Англия, Великобритания, 2020 г., стр. 34-5.

[134] Передовая статья «Забастовка в Одессе ставит под угрозу зерно», The Australian, News Limited, Сидней, Австралия, 25 июля 2022 г.

[135] https://orthodoxtimes.com/patriarch-kirill-of-moscow-described-those-who-recognize-ukrainian-autocephaly-as-forces-of-evil/

[136] https://religiondispatches.org/the-russian-patriarch-just-gave-his-most-dangerous-speech-yet-and-almost-no-one-in-the-west-has-noticed/

[137] Сэм Харрис, Конец веры: религия, террор и будущее разума, The Free Press, Лондон, Великобритания, 2006 г., стр. 85.

[138] https://evenpolitics.com/2022/05/30/who-is-patriarch-kirill-and-why-he-supports-putins-war/

[139] https://archbishopranmer.com/patriarch-kirill-there- нет-украинцев-только-народы-святой-россии/

[140] Марк Галеотти, Краткая история России: как понять самую сложную нацию в мире, Ebury Press, Лондон, Великобритания, 2022, стр. 23.

[141] Анна Рейд, «Война Путина с историей: тысячелетняя борьба за Украину», журнал Foreign Affairs, Нью-Йорк, США, май/июнь 2022 г., стр. 55.

[142] Уэйн Вейбл, Последняя жатва: Исполнение явлений Пресвятой Девы Марии в Меджугорье, CMJ Marian Publishers, Oak Lawn, IL 60454, США, 2002, стр. 57.

[143] https://en.wikipedia.org/wiki/Monument_to_Vladimir_the_Great/

[144] Ричард Фидлер, Золотой лабиринт: биография Праги, HarperCollins Publishers, Сидней, Австралия, 2020 г., стр. 48.

[145] Марк Галеотти, Краткая история России: как понять самую сложную нацию в мире, Ebury Press, Лондон, Великобритания, 2022 г., стр. 12.

[146] 1 Ин. 4:7-10.

[147] https://en.wikipedia.org/wiki/Monument_to_Vladimir_the_Great/

[148] Сергей Чапнин, «Две войны патриархов Кирилла и Владимира Путина», Общественное православие, Центр православных исследований, Фордхэмский университет, Бронкс, Нью-Йорк, США, 25 февраля 2022 г.

[149] Марк Беннеттс, «Последний лидер свободной оппозиции захвачен», The Australian, News Limited, Сидней, Австралия, 25 августа 2022 г.

[150] Филип Шорт, Путин: его жизнь и времена, The Bodley Head, Лондон, Великобритания, 2022 г., стр. 278.

[151] К. С. Льюис, Простое христианство, издательство William Collins Publishers, Лондон, Великобритания, 2016 г., стр. 115.

[152] Там же. стр. 117.

[153] Там же. стр. 120.

[154] Эммануэль Парисс, «В Украине обнаружены новые массовые захоронения», The Australian, News Limited, Сидней, Австралия, 19 сентября 2022 г.

[155] Филип Шорт, Путин: его жизнь и времена, The Bodley Head, Лондон, Великобритания, 2022 г., стр. 453.

[156] Михаил Ходорковский, «В погоне за медведем», The Economist, том 444, № 9313, The Economist Newspaper Limited, Лондон, Великобритания, 17 сентября 2022 г.

[157] http://en.kremlin.ru/events/president/news/67937

[158] Сообщение AFP, «Медведев говорит, что «референдум» на Донбассе укрепит руку Москвы», Kyiv Post, 20 сентября 2022 г.

[159] Уильям Таубман, Горбачев: его жизнь и времена, Simon & Schuster, Лондон, Великобритания, 2017 г., стр. 629.

[160] Тимоти Снайдер, «Украина держит будущее: война между демократией и нигилизмом», журнал Foreign Affairs, Нью-Йорк, США, сентябрь/октябрь 2022 г., стр. 130.

[161] Там же. стр. 141.

[162] Там же. стр. 128.

[163] Кэтрин Белтон (цитирует Сергея Пугачева), Люди Путина: как КГБ вернул Россию, а затем взял на себя Запад, William Collins Books, Лондон, Великобритания, 2020 г., стр. 499.

[164] Марк Галеотти, Краткая история России: как понять самую сложную нацию в мире, Ebury Press, Лондон, Великобритания, 2022, стр. 195.

[165] Письмо автору от польского друга со ссылкой на грузинского таксиста, октябрь 2022 г.

[166] Питер Брин, Блудный пилигрим, En Route Books, Сент-Луис, Миссури, США, 2022 г., стр. 2.

[167] Мэри Клоска, Сердце, застывшее в пустыне: размышления сибирского миссионера, En Route Books, Сент-Луис, Миссури, США, 2021, стр. 210.

[168] Алекс Мейтленд и Орс, Углеродные миллиардеры: инвестиционные выбросы самых богатых людей мира, Oxfam International, Оксфорд, Англия, Великобритания, октябрь 2022 г.

[169] Джейсон Хикель, Разделение: краткое руководство по глобальному неравенству и его решениям, издательство William Heinemann Publishers, Лондон, Англия, Великобритания, 2017 г., стр. 276–7.

[170] Ален Аспект, Джон Клаузер и Антон Цайлингер были удостоены Нобелевской премии по физике Шведской королевской академией наук в Стокгольме, Швеция, 4 октября 2022 года.

[171] https://www.9news.com.au/world/russia-ukraine-vladimir-putin-says-kremlin-not-intending-to-use-nuclear-weapons/7ab0234c-cadb-41f9-b8c2-05305c1eb464

[172] Джон Суини, Убийца в Кремле: Взрывной отчет о путинском терроре, Penguin Random House, Лондон, Англия, Великобритания, 2022, стр. 270.

[173] Там же. стр. 276.

[174] Кэтрин Белтон, Люди Путина: как КГБ вернул Россию, а затем взял на себя Запад, William Collins Books, Лондон, Англия, Великобритания, 2020 г., стр. 258.

[175] Там же.

[176] Владимир Путин, «Выступление на церемонии подписания договоров о присоединении Донецкой, Луганской, Запорожской и Херсонской областей [Украины] к Российской Федерации», Посольство Российской Федерации в Австралии, октябрь 2022 г.

[177] Андрей Колесников, «Сталинская фаза Путина: изолированный, параноидальный и все более похожий на советского диктатора», Министерство иностранных дел, Нью-Йорк, США, ноябрь/декабрь 2022 г.

[178] Марк Беннеттс, «Русские говорят Путину: «Мы хотим уйти», The Australian, News Limited, Сидней, Австралия, 2 декабря 2022 г.

[179] https://ru.usembassy.gov/world-war-ii-allies-u-s-lend-lease-to-the-soviet-union-1941-45/

[180] Михаил Ходорковский, Загадка России: как Запад поддался силовому гамбиту Путина — и как это исправить, Penguin Random House, Лондон, Великобритания, 2022, стр. 62–3.

[181] Там же. стр. 68-9.

[182] Там же. стр. 62.

[183] Фрэнк Бреннан, «Правда, традиции под судом», The Weekend Australian, News Limited, Сидней, Австралия, 4–5 февраля 2023 г.

[184] https://youtube.com/watch?v=tD1QHO_AVZA

[185] Мф 13:41.

[186] См. сообщение Меджугорья от 25 января 2023 г., стр. 169.

[187] Михаил Ходорковский, Загадка России: как Запад поддался силовому гамбиту Путина – и как это исправить, Penguin Random House, Лондон, Великобритания, 2022, стр. 134.

[188] Кардинал Джозеф Ратцингер, «Истина и терпимость: христианская вера и мировые религии», Ignatius Press, Сан-Франциско, Калифорния, США, 2003 г., стр. 148.

[189] Ин 2:4.

[190] Передовая статья «Мир на этой неделе», The Economist Vol 446 No 9334, The Economist Newspaper Limited, Лондон, Великобритания, 18 февраля 2023 г.

[191] https://en.kremlin.ru/events/president/news/70565

[192] Эндрю Осборн и Калеб Дэвис, «Российский Медведев выдвигает идею отодвинуть границы Польши», Reuters News, Thompson Reuters, Нью-Йорк, NY 10036, США, 24 февраля 2023 г.

[193] Фиона Хилл и Анджела Стент, «Великие заблуждения Кремля», Foreign Affairs, Нью-Йорк, США, январь/февраль 2023 г.

[194] Передовая статья «Милитаризация России», The Economist Vol 446 No 9335, The Economist Newspaper Limited, Лондон, Великобритания, 25 февраля 2023 г.

[195] Цитируется у Фрэнсиса Джонстона, Фатима: Великое знамение, издательство Augustine Publishing Company, Chulmleigh, Девон, Великобритания, 1980, стр. 53. См. также «Блудный странник», 2022 г., стр. 106.

[196] Уэйн Вейбл, Последняя жатва: Исполнение явлений Пресвятой Девы Марии в Меджугорье, CMJ Marian Publishers, Oak Lawn, IL 60454, США, 2002, стр. 31.

[197] Там же.

[198] Кармель Никетан, Источники живой воды - размышления кармелитов, Dhyanavana Publications, Бангалор 56007, Индия, 25 февраля 2023 г.

www.ingramcontent.com/pod-product-compliance
Lightning Source LLC
Chambersburg PA
CBHW072347090426
42741CB00012B/2953